—————————— 님의 소중한 미래를 위해
이 책을 드립니다.

세상에서 가장 쉬운

챗GPT

CHATGPT

세상에서 가장 쉬운

챗GPT

챗 G P T 초 보 자 가 가 장 궁 금 해 하 는 것 들

김유성 지음

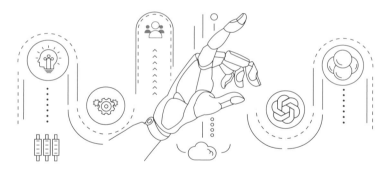

메이트북스

메이트북스 우리는 책이 독자를 위한 것임을 잊지 않는다.
우리는 독자의 꿈을 사랑하고,
그 꿈이 실현될 수 있는 도구를 세상에 내놓는다.

세상에서 가장 쉬운 챗GPT

초판 1쇄 발행 2023년 5월 10일 | **지은이** 김유성
펴낸곳 (주)원앤원콘텐츠그룹 | **펴낸이** 강현규·정영훈
책임편집 안정연 | **편집** 박은지·남수정 | **디자인** 최선희
마케팅 김형진·이선미·정채훈 | **경영지원** 최향숙
등록번호 제301-2006-001호 | **등록일자** 2013년 5월 24일
주소 04607 서울시 중구 다산로 139 랜더스빌딩 5층 | **전화** (02)2234-7117
팩스 (02)2234-1086 | **홈페이지** matebooks.co.kr | **이메일** khg0109@hanmail.net
값 18,900원 | **ISBN** 979-11-6002-399-2 (03320)

AI는 인류에게 생겨나는
가장 좋은 일이거나 가장 나쁜 일이 될 것이다.

· 스티븐 호킹(물리학자) ·

IT 지식이 많지 않은
일반인을 위한 챗GPT 입문서!

"챗GPT에 대해 책을 써볼 생각 없으신가요?"

어느 날 출판사 메이트북스에서 전화가 왔습니다. 챗GPT 관련된 입문서를 쓸 의향이 있는지 묻는 전화였습니다. 때마침 원고 하나를 탈고해 다른 출판사에 보냈던 터라 시간은 되었습니다. '다음 프로젝트는 뭘 할까?' 생각은 하고 있었지만, 인공지능(AI) 분야는 아니었습니다. 2014년부터 4년 반 넘게 IT 기자 생활을 했고 2016년 '알파고 쇼크'를 현장에서 봤다지만, 2019년 이후로는 다른 분야를 취재하고 있었기 때문이었습니다. 하루가 다르게 발전하고 변화하는 분야인 AI에 관한 책을 쓰려니 엄두가 나지 않았습니다.

한 10여 분 고민했을까, 출판사에 전화했습니다. "할게요." 인공지능의 역사부터 서술해가면서 챗GPT에 관한 이야기를 아주 친절하게 써보자고 생각했습니다. IT 지식이 많지 않은 일반인이 읽을 수 있는 입문 서적으로 쓰면 될 것 같았습니다. 챗GPT가 하루아침에 '뚝딱' 나온 게 아니라는 사실에 안도했습니다. 멀게는 19세기, 가깝게는 1950년대부터 인공지능은 꾸준히 발전했고, 그 결과물 중 하나가 챗GPT로 우리 앞에 나타난 것이니까요.

다만 문과생 출신 기자로서 수많은 전문가가 있는 AI에 대한 글을 쓴다는 것 자체는 부담스러웠습니다. 당장 내용 구성부터 어떻게 해야 할지 난감했습니다.

그나마 다행이었던 것은 내 곁에 챗GPT가 있었다는 것! 챗GPT는 내 컴퓨터 모니터에서 "무엇을 도와드릴까요?"라면서 기다리고 있었습니다. 인간 전문가에게 물어보기에 너무 단순하거나 쉬운 질문도 챗GPT는 소상히 답변했습니다. AI라는 것을 빼면 '듬직한 멘토'를 하나 두고 일하는 것 같았습니다.

챗GPT와 대화하고 때로는 깊숙이 물어가면서 관련 지식을 체득했고, 검색과 논문을 통해 검증하는 시간을 가졌습니다. 여기에 내 생각의 뼈대를 만들고, 지식의 옷을 입혔습니다. AI 전문가들이 보기에는 부족해 보일 수 있겠으나, 비전공자들이 챗GPT를 알아가는 데 꼭 필요한 지식을 책에 구성해 넣으려고 노력했습니다.

책 뒷부분에는 챗GPT가 우리 삶과 업무에 얼마나 도움이 되는지 직접 보여주는 부분도 넣었습니다. 나 자신이 챗GPT를 통해 자기 계발의 계기를 마련했으니 많은 이들 또한 챗GPT를 '신기함의 대상'이 아니라 '내 삶의 조력자'로 받아들이길 원했습니다.

실제 이 책을 쓰면서 직접 챗GPT에 물어보고 그 답을 넣어 쓰기도 했다. '챗GPT, 넌 어떻게 생각해?'라는 부분을 따로 구성했고 각종 챗봇과 인공지능에 대한 의견을 챗GPT에 물었습니다. 고도로 계산된 확률·통계에 따른 맞춤형 답변이라고 해도 놀랄 때가 많았습니다. 사람의 생각 그 이상일 때가 많았기 때문입니다.

물론 챗GPT는 그 자체로 완벽하지 않습니다. 사람처럼 말을 한다고 하지만 아직은 챗봇에 지나지 않고, 자기가 학습했던 데이터에 따라 움직일 뿐입니다. 한국어 정보도 완벽하지 않고, 역사나 사회 등에서는 '낮은 지식 수준'을 보이기도 합니다. 미국 내 한국에 대한 정보가 부정확한 경우가 많고, 한국어 정보의 양도 절대적으로 적기 때문입니다. 한국어 데이터가 몇몇 포털사이트에 독점적으로 담겨 있고, 구글 검색엔진의 접근이 어려운 점도 있다. 개선해야 할 점이 아직 많습니다.

그러나 AI는 빠르게 발전하고 있습니다. 현재 지적된 챗GPT의 약점도 순차적으로 개선될 것으로 보입니다. 챗GPT 개발사 오픈AI(OpenAI) 외 구글, 페이스북은 물론 네이버와 카카오도 챗GPT 뺨칠 만한 수준의 대화형 챗봇을 준비하고 있습니다.

이들 서비스가 일반화되면 기존 검색 서비스의 패러다임도 바뀔 수밖에 없습니다. 검색 페이지에 나열된 지식을 '주워오는 것'이 아니라 챗봇이 내놓은 지식을 '통째로 베끼거나', AI와의 대화와 토론을 통해 '나만의 지식을 정립하거나', 둘 중의 하나가 되는 것입니다. 이 선택에 따라 각자 인간에게 '지식의 저주'가 될지, '자기 계발의 축복'이 될지가 갈릴 것이라고 봅니다.

끝으로 챗GPT에 대한 나만의 생각을 밝히면서 맺겠습니다.

챗GPT는 1950년대 정립된 인공지능이 발전해가는 과정에 세워진 이정표라고 봅니다. AI가 인간에게 어떤 존재이고 어떻게 도움이 되는지 보여주는 상징물이 될 수 있다는 의미입니다.

이 이정표까지 오는 데만 70년 세월이 걸렸습니다. 그동안 컴퓨터는 급속한 발전을 이뤄냈고, AI에 대한 이론과 알고리즘이 정립되었습니다. 또한 거대 연구소와 대학, 기업 내 실험실에서 천재적인 공학자들의 전유물이었던 AI는 이제 오픈소스 형태로 공개되어 전 세계 수많은 개발자가 협업해 개선하고 있습니다.

AI는 앞으로 70년 동안 상상할 수 없을 만큼 더 빠르게 발전할 것입니다. 챗GPT가 지금 우리에게 보여준 가능성과 그 역량은 이제 '시작이면서 과정'일 뿐입니다.

김유성

CONTENTS

1장
챗봇에 대해 꼭 알아야 할 기초 지식

2장 챗GPT 이전의 챗봇들

3장 챗GPT의 발전 배경

4장 챗GPT는 이렇게 학습합니다

5장 실전에서 바로 써먹는 챗GPT 활용법

6장

챗GPT에 다가올 미래

2016년 알파고 쇼크 이후 7년 만에 대한민국에 인공지능 열풍이 불고 있습니다. 사람처럼 답할 줄 아는 챗GPT가 열풍의 주인공입니다.

크롬 등 웹 브라우저를 통해 이것저것 물어볼 수 있는 챗GPT는 과거 챗봇과 비슷한 모습을 하고 있지만 그 수준은 다릅니다. 연설문은 물론, 시와 소설을 쓰고 과외선생님처럼 지식을 정리해 전달해줍니다. 사람이 가르쳐주듯 문장으로 알려줍니다. 사람처럼 말하고 사람처럼 답하면서 결과치 또한 기대 이상입니다.

이런 챗GPT는 2020년대 이후 뚝딱 만들어져 나온 것 같지만 그 역사는 꽤 깁니다. 1940년대 인공지능망에 대한 이론적 정립과 1950년대 컴퓨터의 발달 이후 수많은 인공지능 연구가 집대성된 결과입니다.

1장

챗봇에 대해
꼭 알아야 할 기초 지식

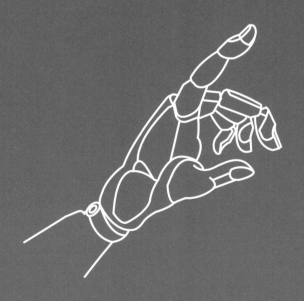

챗GPT는
왜 챗봇인가요?

로봇이 꼭 눈에 보이는 존재만은 아닙니다.
사람의 일을 대신 하는 인공지능도 로봇에 포함됩니다.

챗GPT는 챗봇의 일종입니다. 챗봇은 채팅과 로봇의 합성어입니다. 가상의 로봇(프로그램)이 사용자가 원하는 답변을 찾아내고 문장으로 정리해주는 것이죠.

여기서 챗(Chat)은 '담소를 나누다, 수다를 떨다'라는 뜻입니다. 일방향으로 로봇이 인간에게 지식·정보를 전달하는 게 아니라 상호 대화라는 과정을 통해 사용자가 원하는 지식에 다가갑니다.

비슷한 예로 검색로봇을 들 수 있습니다. 구글이나 네이버에서 볼 수 있는 검색로봇은 사용자가 알고 싶어 하는 정보의 키워드를 탐색하고 그에 맞는 정보가 있는 웹 페이지를 나열해 보여줍니다.

챗봇은 사용자가 요구하는 정보를 검색해서 찾아오는 과정까지는 검색로봇과 비슷한 기술로 보일 수 있지만, 정보 전달의 형태에 있어서는 '대화 형태'를 이용한다는 점이 다릅니다. 즉 사용자와 소통한다는 이야기입니다.

로봇은 인간의 일을
대신 해주는 존재

로봇은 우리 일을 대신 하는 기계 등의 무생물을 연상하면 됩니다. '로보트 태권V'처럼 물리적인 하드웨어를 가진 로봇도 있겠지만, 검색로봇처럼 형체가 없는 가상의 로봇도 있습니다. 프로그램 형태지만 인간 대신 '정보 검색'을 합니다.

로봇이라는 말은 '부역, 요역'이라는 뜻의 체코어 'robota'에서 기원했습니다. 체코 극작가 카렐 차페크(Karel Čapek)의 희곡인 〈로숨의 유니버설 로봇(Rossumovi univerzální roboti)〉에서 따왔고, 휴식과 수면이 필요한 인간과 달리 24시간 일할 수 있는 '무생물 노예'로 묘사되었습니다.

챗봇을 규정짓자면, 인간의 질문에 답을 해주는 로봇이라고 할 수 있습니다. 물리적인 형상이 없는 가상의 로봇으로 웹 페이지나 메신저 대화창에서 구현됩니다. 키보드로 문자를 눌러서 질문을 하면, 챗봇이 답해줍니다.

만약 사람의 말을 알아듣는 '음성인식'[1]과 사람처럼 말을 하는 '음성합성'[2] 기술이 접목되고 눈으로 볼 수 있는 스크린이나 하드웨어가 있으면 '아시모(Asimo)'[3] 같은 안내 로봇이 됩니다. 우리가 두 눈으로 보는 로봇이 되는 것이죠.

이런 챗봇의 첫 번째 역할은 무엇일까요? 바로 '대화'입니다. 사용자가 물어보는 말을 알아듣고 그에 맞춰 대답을 해줘야 합니다. 정해진 규칙에 따라 정해진 답변을 주는 챗봇이 있고, 실제 대화하듯 문장을 생성해 말하는 챗봇도 있습니다. 챗GPT가 바로 문장 생성형 챗봇인 것이죠.

단순 업무는 개발자가 프로그램만 잘 짜주면 됩니다. 정해진 알고리즘에 따라 사용자가 선택하게끔만 하면 됩니다. 고도화된 지능이 필요 없습니다. 정해진 질문에 정해진(입력된) 답변만 하면 됩니다.

정해진 답변이 아닌 대화를 하려면 고도화된 지능이 챗봇에 필요합니다. 개발자가 일일이 입력한 답변이 아니라 상황에 맞는 답변을 내놓아야 하는 것이죠. 이때 필요한 게 고도화된 인공지능입니다.

자동화 기술이 발달해
인공지능으로

인간이 만든 위성을 '인공위성'이라고 하듯 인간이 만든 지능을 '인공지능'이라고 합니다. 영어로는 'Artificial Intelligence'라고 하며, 줄여서 AI라고 합니다.

AI는 처음에는 단순한 알고리즘으로 만들어졌습니다. ARS 안내나 키오스크 음식 주문과 같은 형태입니다. 점점 더 많아지고 복잡해진 알고리즘을 컴퓨터가 빠르게 연산할 수 있게 되면 '그전보다 나은 AI'가 됩니다.

우리는 이미 수십 년 전부터 AI라는 단어를 접해왔습니다. 세탁기나 냉장고, 에어컨 등의 자동화 기능이 예입니다. 개발자가 예상한 변수(온도나 습도, 세탁물의 정도)에 따라 기계가 반응할 수 있게 프로그래밍한 것들입니다. 자동화라는 측면에서 AI의 한 범주로 볼 수 있습니다.

2000년대 이후 우리가 생각하는 AI는 컴퓨터가 수많은 데이터를 갖고 학습한 결과물이라고 볼 수 있습니다. 인간이 과거 학습한 경험을 토대로 결정하듯이 AI도 앞서 학습한 데이터를 토대로 정답에 가까운 선택을 하는 것이죠. 소프트웨어 기술과 하드웨어 기술이 발달하면서 가능하게 되었습니다.

'인공지능'이라는 단어가 대중적으로 알려진 시기는 1956년입니다. 미국의 다트머스 대학교(Dartmouth College)에서 전산학자 등이 모여 인공지능을 정의했습니다.[4] 풀어 쓰자면 '사람의 능력으로 할 수 있는 다양한 활동을 컴퓨터가 대신할 수 있게 하는 것'입니다.

이런 생각은 컴퓨터의 발달과 함께 '쓸데없는 걱정'으로까지 이어졌습니다. AI가 고도화되어 인간의 일을 빼앗고 인간을 정복할지 모른다는 걱정입니다. 과학자 수십 명이 모여 수년을 끙끙대며 계산한 문제를 컴퓨터가 단 몇 분 만에 푸는 것을 보고 느꼈을 감정입니다.

이 생각은 현재 기준 '틀렸다'라고 볼 수 있습니다. 지금까지 개발된

■인공지능의 종류

분류	설명
약인공지능	특정 문제 해결에 전문화된 인공지능
강인공지능	모든 영역에서 인간과 같거나 더 나은 수준인 인공지능
초인공지능	인류 전체의 지능을 초월하는 인공지능

대부분의 인공지능이 '문제 특화형' 인공지능, 즉 '약인공지능'이기 때문입니다. 각각의 문제에 특화되어 해답을 내놓는 것은 탁월하지만 인간의 종합적인 사고력에 범접할 만한 수준이 아니란 이야기입니다. 예컨대 2016년 프로바둑기사 이세돌 9단을 꺾었던 알파고는 바둑에 특화된 인공지능이고, 2023년 전 세계의 주목을 받은 챗GPT는 대화에 특화된 인공지능입니다.

알파고의 바둑 실력이 이제는 '신계(神界)'의 영역에 들어갔다고 하나 바둑에 국한되었을 뿐이고, 챗GPT는 '검색 결과'를 그럴싸하게 대화로 풀어줄 뿐입니다. 인간의 대화 방식을 학습하고 모방한 것이죠. 챗GPT가 내놓는 소설이나 시 등의 작품도 인간이 만들어놓은 과거 저작물을 학습해 흉내 낸 것이라고 볼 수 있습니다.

우리가 진짜로 무서워할 만한 강한 인공지능으로는 어떤 게 있을까요? 정답은 '상상 속에 있다'입니다. 영화 〈터미네이터(The Terminator)〉에 나오는 스카이넷[5]이나 〈2001 스페이스 오디세이(2001: A Space Odyssey)〉에 나온 HAL 9000(HAL)[6]이 강인공지능의 범주에 들어갑니다. 스카이넷이나 HAL 모두 인간을 나약한 존재로 인식하며 제거해야 한다고 보고 있죠.

이보다 더 센 '초인공지능'도 있습니다. 인류 전체의 지능을 초월하는 인공지능입니다. 스스로 에너지원을 만들어 자생하는 형태입니다. 신의 영역에 들어갔다고나 할까요?

'사람과 얼마나 비슷한가'가 인공지능 성능을 가릅니다

챗GPT를 활용하면서 놀란 것은 뛰어난 답변 실력 때문입니다. 인간과 놀랍도록 유사하고 어떤 부분에서는 더 나은 게 사실입니다. 인간은 기억력의 한계 때문에 많은 것을 기억하지 못하지만, 챗GPT는 저장 용량에 한계가 없습니다. 이 밖에 인공지능이 합성한 음성과 영상, 그림 등도 인간의 것인지 인공지능의 것인지 구별하기 힘들 정도가 되었습니다. 이제는 인공지능도 지능이 있다고 인정해야 할지도 모릅니다.

1950년대 과학자들도 '어느 정도까지를 지능이 있다'고 봐야 할지 기준을 만들고 싶어 했습니다. '이 정도면 인공지능이 있는 기계를 만들어 냈다'고 인정할 수 있는 기준선을 만들었는데, 그것이 바로 '튜링 테스트(Turing test)'[7]입니다. 천재 암호전문가이자 전산학자인 앨런 튜링(Alan Turing)이 제안한 테스트인데, '인간에 준하는 지능이 있다고 판단이 되면 그 기계(로봇)는 지능이 있는 것으로 생각하자'로 요약할 수 있습니다. 질문을 해서 받은 답변이 인공지능의 것인지 사람의 것인지 구분하기 어렵다면 '지능이 있다고 판단하자'는 것이죠.

논란의 여지는 있겠지만, 최근 고도화된 챗봇들은 튜링 테스트를 어렵지 않게 통과할 것으로 보입니다. 챗GPT를 보고 사람들이 놀란 포인트도 여기에 있을 것입니다.

챗GPT는
챗봇의 어떤 종류에 들어가나요?

단순히 정해진 답변만 하는 챗봇의 시대는 저물고 있습니다.
사용자가 원하는 답을 알아서 찾아주는 똘똘이 스머프 같은 챗봇의 시대가 이미 왔습니다.

챗봇에도 여러 종류가 있습니다. ARS 상담을 대화창으로 옮겨온 단순한 형태의 챗봇이 있는가 하면, 사람처럼 답변하는 챗봇도 있습니다. 주문 예약이나 상품 소개 등 특정 기능에 특화된 챗봇이 있는가 하면, 애플 '시리'나 구글 '어시스턴트'처럼 사용자가 물어보는 다양한 질문에 응답하고 수행하는 챗봇도 있습니다. 이들 챗봇은 운영하는 관리자가 각자 목적에 따라 다양하게 선택해 사용할 수 있습니다. 자체 앱이나 홈페이지에 내장해서 쓸 수 있고, 카카오톡이나 네이버에서 제공하는 챗봇에 등록해 쓸 수도 있습니다.

가장 많이 쓰이는 챗봇의 용도는 '고객 서비스(CS, Customer Service)'

입니다. 내부 콜센터 직원의 일손을 덜어주는 것이죠. 직원이 퇴근한 후에도 고객의 질문을 대신 받아 응답해줄 수도 있습니다. 직원 수가 적은 자영업자들에게 유용할 수 있습니다.

구글은 한발 더 나아가 음성으로 직접 예약하는 기능을 내놓기도 했습니다. 사용자가 구글 어시스턴트에 예약을 요청하면 직접 전화를 걸어 예약을 하는 것이죠. 예약받는 점주는 예약자가 인공지능인 줄 모를 정도였습니다.

챗봇의 종류와
용도에 따른 구분

챗봇의 종류는 크게 3가지로 나눌 수 있습니다.

첫 번째는 대화형 챗봇입니다. 대화형 챗봇은 '자연어 처리(NLP, Natural Language Processing)'[8] 기술을 기반으로 대화할 수 있는 챗봇입니다. 사람이 문장으로 물어보면 이를 이해하고 적절한 답변을 찾아주는 것입니다. 학습 데이터에 따라 실제 대화로 이어지는 챗봇이 있는가 하면, 예약-주문처럼 정해진 기능만 하는 챗봇도 있습니다. '기계학습(머신러닝)'이 도입되면서 많이 볼 수 있게 된 챗봇입니다.

두 번째는 정해진 루트에 따라 답변해주는 챗봇입니다. 개발자나 관리자가 정해놓은 객관식 답변이 있고, 사용자는 이 중 선택해서 들어가는 것이죠. 즉 전화로 하는 ARS를 대화창으로 옮겨왔다고 보면 됩니다.

종류	용도
대화형	고객 상담용
시나리오형	마케팅용
결합형	엔터테인먼트
	가상비서

가장 기초적인 형태의 챗봇이라고 볼 수 있습니다.

세 번째는 결합형 챗봇입니다. 챗GPT나 시리 같은 가상비서를 예로 들을 수 있습니다. 사용자가 원하는 다양한 질문에 대응하기 위해서 내부에 검색엔진과 자연어 처리, 대화형 문장 생성 등의 기능을 갖추고 있습니다. 개발 인력과 비용이 아무래도 많이 들어가게 됩니다. 인공지능 기술이 발전하면서 고도화되었습니다.

챗봇은 용도에 따라 4가지로 나눌 수 있습니다. 사용자에게 상담 서비스를 제공할 것인지, 단순히 재미를 제공할 것인지 등으로 용도를 나눌 수 있습니다.

챗봇 중에 가장 많이 개발되고 있는 게 고객 상담용입니다. 내부 상담 직원의 일을 덜어준다는 개념에서 개발·운용되고 있습니다. 한 통계에 따르면, 챗봇을 통해 일차적으로 고객 응대를 받은 결과 전화 상담 건수가 절반으로 줄었다고 합니다. 콜센터 기준으로 본다면 '인바운드(고객응대)'용이 되겠습니다.

두 번째로는 마케팅용 챗봇이 있습니다. 이벤트 요소를 넣은 챗봇인

데, 추첨을 통해 상품을 준다거나 챗봇을 통해 들어온 사용자를 대상으로 이벤트를 하는 경우입니다. 서비스 챗봇이나 CS 챗봇으로까지 넓힐 수 있습니다. 상품을 소개하고 추천하는 챗봇도 이 챗봇의 범주에 들어갑니다. 콜센터 기준으로 본다면 '아웃바운드'용이라고 할 수 있습니다.

재미(엔터테인먼트)를 위한 챗봇도 있습니다. 스포츠나 뉴스, 게임, 음식 등 특정 분야의 정보를 알려주는 챗봇입니다. 예컨대 '프로야구봇' '프리미어리그봇' 등을 들 수 있습니다. 검색 등에 드는 시간과 과정을 줄여줄 수 있다는 장점이 있습니다. 우리나라에서는 다소 낯설지만, 해외에서는 주식정보를 알려주거나 비트코인 시세를 그때그때 알려주는 등의 챗봇이 있습니다.

가상비서로 쓸 수 있는 챗봇도 있습니다. 구글 어시스턴트, 시리를 예로 들 수 있습니다. 스마트폰에 내장되어 일정을 관리하거나 알람을 해줍니다. 개인화된 챗봇이라고 볼 수 있습니다.

──────

챗봇,
어떻게 사용하면 될까요?

챗봇을 직접 개발해 사용할 수 있습니다. 봇빌더[9]라는, 챗봇을 전문으로 만드는 프로그램 도구도 있습니다. 프로그램 개발에 대한 기본적인 지식이 있다면 쉽게 만들 수 있죠.

큰 기업들은 자체 챗봇을 개발해 사용하고, 자영업자 등은 카카오톡이나 네이버 등에 계정을 등록해 사용합니다. 각자 사용 유형에 따라 2가지로 구분해 챗봇을 사용할 수 있습니다. 자체 앱이나 웹에 내장하는 경우와, 카카오톡·페이스북·라인과 같은 메신저 플랫폼 회사에 기업 비즈니스 계정을 만들어 탑재하는 방법 등입니다.

자체 앱이나 웹에 내장하는 경우는 자사 홈페이지에 자기 챗봇을 심는 경우와 비슷한 맥락으로 볼 수 있습니다. 많은 사용자를 확보하고 있고 하루 방문자 수가 많을 때 더 유리합니다. 이 방법은 개발과 유지·보수에 비용이 들지만 각 기업의 입맛과 용도에 맞춰 구성할 수 있다는 장점이 있습니다. 고객들이 사용하면서 남기고 간 데이터(제품 선호도 등)를 확보할 수 있다는 점도 이점입니다.

카카오톡·페이스북·라인 같은 메신저 플랫폼 회사에 계정을 만들고 챗봇을 이용하는 방법은 간편하다는 장점이 있습니다. 비용 부담도 적습니다. 또한 이들 소셜미디어 이용자도 많아 신규 사용자들을 끌어들이기도 좋습니다. 그래서 자영업자나 소규모 사업자들이 이 방법을 많이 활용합니다.

실제 국내에서는 많은 소상공인이 카카오톡 안에 챗봇을 두고 CS를 제공하고 있습니다. 간단한 예약이나 질문 정도를 받는 것이죠. 네이버가 운영하는 인터넷쇼핑몰 스마트스토어에서 상품을 판매한다면 네이버 톡톡 등을 활용할 수 있습니다.

해외의
챗봇 동향

한국은 모바일 서비스가 잘 발달되어 웬만한 예약과 주문은 모바일로 가능합니다. 배달 음식은 '배달의민족' 앱으로, 콜택시 예약은 '카카오T' 등으로 할 수 있는 것이죠. 예약을 위해 전화를 직접 하는 경우는 점차 줄어가는 추세입니다.

그런데 해외, 특히 미국에서는 여전히 음성 전화로 예약하는 경우가 많습니다. 지난 2018년 구글은 인공지능 챗봇이 직접 음성으로 예약하는 기능을 선보였습니다. 구글 어시스턴트가 직접 말을 하는 식이죠. 전화 예약마저도 인공지능이 대신 합니다.

구글이 시연한 챗봇 예약 영상을 보면 인공지능이 예약을 하는 것이라고 믿어지지 않을 정도입니다. 사람의 대화같이 자연스러운데, '전화 예약'이라는 기능에 특화된 챗봇이라고 보면 됩니다.

2018년 구글 I/O에 가서 필자가 직접 찍은 구글 듀플렉스[10] 영상

챗봇의 전화 예약 기능은 해외에 나갔을 때 유용합니다. 외국어가 서툰 상태에서 예약까지 하려면 쉽지 않습니다. 이럴 때 AI가 대신 해주는 것이죠. 반대로 손님의 예약을 받는 것도 가능합니다.

챗GPT, 넌 어떻게 생각해?

"너는 기존 챗봇과
어떤 게 다르니?"

>> 저는 기존 챗봇과 다른 점이 몇 가지 있습니다.

1. 대화의 일관성과 품질: 저는 오픈AI[11]에서 개발한 대형 언어 모델 중 하나인 GPT-3(2023년 3월 15일 GPT-4 출시)[12]를 기반으로 만들어져서 매우 높은 수준의 언어 이해 능력과 자연스러운 대화를 지원합니다.

2. 다양한 주제와 분야에 대한 이해: GPT-3는 다양한 주제와 분야의 지식을 포함하고 있기 때문에, 저는 여러 가지 주제에 대해 적극적으로 대화를 나눌 수 있습니다.

3. 자가 학습(self learning): GPT-3는 지속적으로 자가 학습을 수행해 대화 내용을 분석하고 이해할 수 있습니다. 따라서 사용자와 대화하면서 계속해서 배우고 개선됩니다.

4. 다양한 기능: 저는 문장 생성, 요약, 번역, 자동 완성 등 다양한 기능을 수행할 수 있습니다. 이를 통해 사용자의 요구에 맞게 최적화된 대화를 제공할 수 있습니다. 이런 특징들로 저는 좀 더 자연스러운 대화를 지원하며, 더 많은 기능과 다양한 분야에 대한 대화를 가능하게 합니다.

챗GPT는 어떻게
인간의 언어를 이해하나요?

> 컴퓨터 속 챗봇이 사람의 말을 알아듣는 과정은 생각보다 굉장히 복잡합니다.
> 사람이 쓰는 말을 컴퓨터가 알아듣는 '그것만의 언어'로 바꿔주는 과정이 필요합니다.

외국인과 대화한다고 가정해봅시다. 각자의 언어로만 대화를 고집한다면 나와 외국인은 소통할 수 없습니다. 둘 다 상대방의 언어를 모를 때는 공통으로 알고 있는 언어를 사용해야 합니다. 영어와 같은 공용어입니다. 각자 영어를 통해 자신의 언어로 바꿔 생각할 수 있어 언어가 달라도 소통할 수 있는 것입니다.

기계로 대변되는 컴퓨터와 인간도 마찬가지입니다. 컴퓨터는 인간의 말을 즉시 알아듣지 못합니다. 인간 역시 컴퓨터가 알아들을 수 있는 언어로 자신의 언어를 변환하지 않으면 컴퓨터를 다룰 수 없습니다. 그래서 등장한 개념이 '자연어'와 '기계어'입니다.

자연어는 학창 시절 배웠던 '자연수'를 연상하면 됩니다. 자연적으로 생긴 1, 2, 3 등의 숫자가 자연수인 것처럼 저절로 생긴 인간의 언어를 자연어로 통칭할 수 있습니다. 이 자연어는 단어와 단어가 연결된 문장의 형태로 구성되며, 인간이 상호 간에 소통하는 데 쓰입니다.

사실 '자연어'라는 개념은 컴퓨터가 등장하면서 구분되었습니다. 컴퓨터라는 기계가 구동할 수 있게 하는 일종의 신호로 '기계어'가 고안되면서 구분된 것입니다. '1+1=?'이라는 계산식은 인간에게 무척 쉬울 수 있겠지만 기계어로 바꿔 컴퓨터에 입력하지 않으면 컴퓨터는 이해할 수 없습니다. 자연어와 기계어 간의 틈이 매우 크기 때문입니다. 우리가 편리하게 쓰는 챗봇도 여러 계층과 단위를 거쳐 기계어가 자연어로 변환되고, 또 자연어가 기계어로 변환되는 과정을 거칩니다.

기계어의 시작점은
0과 1입니다

기계어를 기초부터 이해하기 위해서는 19세기 중반 고안된 '모스 부호(Morse Code)'를 연상하면 됩니다. 우리에게는 '전신(電信, electrical telegraph)' 혹은 '전보(電報, telegram)'가 됩니다. 전신은 '뚜우- 뚜뚜' 같은 신호로 교신하는데, 19세기 중엽에 고안되었습니다.

전신은 스위치를 '껐다' '켰다'의 2가지 신호로 문장을 보낼 수 있습니다. 스위치를 누르면 전자석이 활성화되어 붙으며 소리를 내고, 스위치

출처: 국제전기통신연합(ITU)(www.itu.int/rec/R-REC-M.1677-1-200910-I/)

를 떼면 떨어지면서 'off' 상황이 되는 것이죠.

On일 때 상황을 1이라고 가정하고 Off일 때를 0이라고 가정해봅시다. 이른바 디지털 신호가 됩니다. 컴퓨터에 'a'를 '1100001'이라는 부호로 세팅해놓으면, 이후부터 컴퓨터는 '110001'이 찍히면 'a'로 인식하는 것이죠. 그 외 여러 가지 기능을 1과 0으로 표시해 컴퓨터에 전달할 수 있습니다.

여기서 1 혹은 0 등 숫자 하나의 단위를 비트(bit)라고 합니다. 80년대 PC의 성능을 설명할 때 "이 컴퓨터는 8비트입니다" "16비트 컴퓨터네요"라고 할 때 썼던 비트입니다. 컴퓨터가 단위 시간당 처리할 수 있는

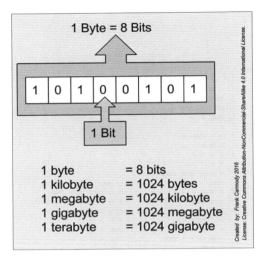

비트의 개수를 성능으로 표기한 것입니다. 이 비트가 8개 모여 한 묶음으로 가는 게 1바이트(byte)가 됩니다. 컴퓨터에 전달하는 표시 신호의 최소 단위가 되는 것입니다.

초기 컴퓨터는 1과 0을 표기하기 위해 구멍이 숭숭 뚫린 펀치카드를 사용해 데이터를 입력했습니다. 이른바 수동 프로세스였습니다. 소수의 전문가 집단만이 이를 이해할 수 있었고 컴퓨터를 활용할 수 있었습니다. 그러다 보니 처리할 수 있는 정보의 양도 적을 수밖에 없었습니다. 몇몇 천재적인 전산학자들은 '이게 진정한 컴퓨팅'이라고 하기도 했죠.

문제는 천재가 아닌 다수의 사람은 0과 1만 봐서는 도무지 알 수 없다는 점입니다. 이를 알파벳 등으로 한 번 더 변환해준다면 프로그램을

■ 기계어의 종류

분류	설명
C(C언어)	벨 연구소에서 개발한 구조적 프로그래밍 언어입니다. 컴퓨터의 하드웨어와 밀접하게 연관되어 있습니다. 시스템 프로그래밍, 임베디드 시스템, 운영체제 등에 자주 사용됩니다. 코드 실행 속도가 빠르고, 메모리 사용량이 적다는 특징이 있습니다.
C++	C언어에서 파생된 객체지향 프로그래밍 언어입니다. 클래스, 상속, 다형성 등의 개념을 제공합니다. 게임 개발, 그래픽유저인터페이스(GUI) 프로그래밍, 과학 계산, 데이터베이스(DB) 관리 등 다양한 분야에서 사용됩니다.
C#(C샵)	마이크로소프트에서 개발한 객체지향 프로그래밍 언어입니다. C++과 유사한 문법을 가지고 있습니다. 마이크로소프트의 .NET(닷넷) 프레임워크에서 사용됩니다. 윈도우 응용 프로그램, 웹 애플리케이션, 게임 개발 등 다양한 분야에서 사용됩니다.
자바	썬 마이크로시스템즈에서 개발한 객체지향 프로그래밍 언어이며 플랫폼 독립적인 특징을 가지고 있습니다. 한번 작성한 코드를 다양한 플랫폼에서 실행할 수 있습니다. 또한 안정성, 보안성이 높습니다. 대규모 웹 어플리케이션, 안드로이드 앱 개발 등 다양한 분야에서 사용됩니다.

짜는 데 훨씬 편하겠죠. 그래서 나온 게 '어셈블리어(Assembly Language)' 입니다. 어셈블리어도 일반인의 눈으로 보면 어렵지만, 0과 1의 숫자 나열보다는 쉽습니다.

어셈블리어 자체도 복잡해 한 번 더 기계어를 변환해주는 과정을 거칩니다. 더 높은 단계의 언어입니다. 문법도 일상에서 쓰는 문장과 닮게 했습니다. 이런 개념에서 나온 기계어가 'C' 'C++' 'C#' '자바' 등입니다. 이 정도 레벨이 되는 언어뭉치(코드)를 나열하면서 "컴퓨터야, 이렇게 움직여라"라고 하는 것을 '코딩'이라고 합니다.

최근에는 더 쉬운 언어가 쓰이고 있습니다. 파이선(python) 등입니다. 우리가 쓰는 영어 문장에 가깝고, 직관적으로 이해할 수 있습니다. 코드 전부를 외울 필요도 없죠. 전문적인 개발자가 아니어도 공개된 자료를 활용해 챗봇 등을 개발할 수 있습니다.

자연어는 여러 과정을 거쳐
0과 1로 변환됩니다

컴퓨터와 인간이 소통하기 위해 수십 년 동안 이 같은 과정을 거쳤습니다. 프로그램을 짜는 코딩을 하지 않는다면, 직접 자연어 문장으로 컴퓨터에 물어보거나(검색, 챗GPT) 소통할 수 있습니다. 내가 쓴 문서의 활자도 다 0과 1로 변환되어 컴퓨터에 저장되었다가, 내가 불러오면 자연어 문장으로 변환되어 나오는 것이죠.

다만 우리가 쓰는 자연어는 컴퓨터가 쓰는 기계어와 달리 변화무쌍합니다. 정해진 약속의 틀이란 게 기계어보다 약합니다. 예컨대 '파랗게 멍든 내 마음'이라는 문장을 컴퓨터가 이해하기 힘든 것이죠. 척하면 척 알아들어야 하는데 이를 위해 나온 개념이 '자연어 처리'[13]입니다.

사람은 상대방이 한 말을 자신의 경험과 지식에 비춰 이해합니다. 컴퓨터는 상대방이 쓴 말에서 키워드를 검색하고 여러 정답의 가능성을 탐구합니다. 이 중 답변이 될 가능성이 가장 큰 문장을 출력해 결과값으로 내놓습니다. 판단의 결과라기보다 계산의 결과라고 볼 수 있는 것이죠.

챗GPT, 넌 어떻게 생각해?

"진짜 사람처럼 생각하고 말하는
챗봇이 나올까?"

>> 현재의 기술로 진짜 사람처럼 생각하고 말하는 챗봇을 만드는 것은 아직 어렵습니다. 그러나 인공지능 기술의 발전으로 인해, 챗봇이 대화를 이해하고 자연스러운 대화를 제공하는 능력이 크게 향상되고 있습니다.

오픈AI의 GPT-3와 같은 대형 언어 모델은 이전에는 어려웠던 자연스러운 대화 생성을 가능케 했습니다. 이러한 모델은 대화의 의미를 파악하고 적절한 응답을 생성하는 능력을 갖추고 있습니다. 또한 강화학습과 같은 기술을 사용해 대화를 개선하는 능력도 있습니다.

현재까지는 챗봇이 완전히 인간과 같은 수준의 지능을 가지는 것은 아니며, 여전히 한계가 있습니다. 그러나 기술의 발전과 함께, 앞으로 챗봇은 점점 더 인간과 유사한 대화를 제공할 수 있게 될 것입니다.

챗GPT가 쓰는
알고리즘은 뭐죠?

> 알아서 움직이는 사람과 달리 로봇은 할 일을 일일이 정해줘야 합니다.
> 챗봇이 하는 말도, 내 질문에 대한 답변도, 사전에 정해진 규칙에 따른 것입니다.

사람은 개떡같이 말해도 찰떡같이 알아들을 때가 많습니다. 누군가에게 "청소하세요"라고 지시한다고 가정해봅시다. 시간과 장소만 정해주면 나머지는 사람이 알아서 합니다. 어떤 빗자루를 들어 어떤 방향으로 먼지를 쓸어갈지 일일이 정해주지 않아도 됩니다.

그런데 컴퓨터는 다릅니다. 자동으로 움직이는 것 같은 인공지능도 실은 인간이 세세하게 정해준 순서에 따라 움직이도록 입력된 것입니다. 입력된 사항이 아니라면 구동할 이유가 없는 것이죠.

컴퓨터가 일을 할 수 있도록 세세하게 처리 과정을 정리해놓은 게 '알고리즘'입니다. 인간이 설정해놓은 알고리즘에 따라 검색로봇은 정보를 찾고, 챗봇은 답변을 내놓습니다. 그래서 인공지능을 이해할 때 꼭 살펴보아야 하는 것이 바로 알고리즘입니다.

알고리즘이 중요한 이유는 기계가 움직이는 규칙이자 약속이기 때문입니다. 예컨대 유튜브 관리자가 직접 수천억 개에 달하는 영상을 일일이 보고 선정적이거나 폭력적인 영상을 걸러낼 수는 없습니다. 그러기엔 인간이 가진 처리 능력과 시간의 한계가 큽니다. 그런데 만약 선정적인 영상을 골라내는 알고리즘을 만들고 이를 실행한다면 관리자가 일일이 모든 영상을 살펴볼 필요가 없습니다. 영상이 있는 위치만 입력하고 결과값만 받으면 됩니다.

알고리즘은
문제 해결 방법

알고리즘의 사전적 의미는 '문제 해결 방법'입니다. 인공지능을 구성하게 되는 컴퓨터 시스템에 적용하면 '컴퓨터를 이용한 문제 해결 방법'이 됩니다. 조금 더 정확한 의미를 따지자면 '어떤 결과물을 내기 위해 만들어진 명령어 집합'이라고 할 수 있습니다. '변수(variable)'[14]가 입력되면 사전에 설정된 약속(처리 절차)에 따라 변용되고 가공되어 결과물로 나오는 것이죠. 형체가 없고 가상화된 기계라고 보셔도 됩니다.

학창 시절 교과서에도 알고리즘에 대한 도식이 나와 있습니다. 여러 가지 선택사항을 놓고 최종 문제 해결 과정까지 가는 것입니다.

■알고리즘 순서도의 예

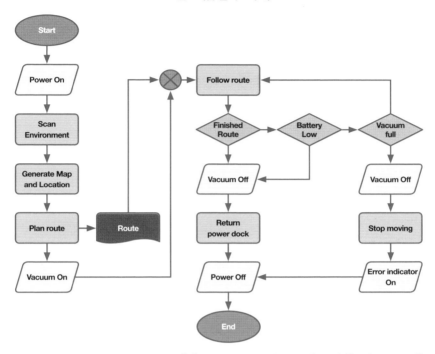

출처: www.visual-paradigm.com/tutorials/flowchart-tutorial/

알고리즘은 보통 입력(input), 출력(output), 연산(operation)으로 구성되어 있습니다. 위의 도식에서 보듯 타원형 모양의 도형이 입력과 출력이 되고, 그 밖에 마름모와 직사각형, 화살표 등이 연산 과정이 되는 것입니다. 입력은 문제를 푸는 데 필요한 정보를 나타내고, 출력은 문제의 답을 나타냅니다. 연산은 입력 정보를 정해진 규칙에 따라 처리해 출력을 만들어냅니다.

알고리즘은 문제 해결 방법에 따라 다양한 종류로 존재합니다. 대표적인 알고리즘으로 정렬 알고리즘, 탐색 알고리즘, 최단 경로 알고리즘 등이 있습니다. 정렬 알고리즘은 특정한 기준에 따라 정렬하는 것이 목적이고, 탐색 알고리즘은 주어진 데이터에서 특정한 값을 찾는 것이 목적입니다. 최단 경로 알고리즘은 그래프에서 두 정점 사이의 최단 경로를 찾는 것이 목적입니다.

이런 알고리즘은 컴퓨터 프로그램을 짤 때 매우 중요한 역할을 합니다. 일어날 수 있는 거의 모든 일에 대한 경우의 수를 생각해 '처리 과정'을 만들어야 합니다. 건축물의 설계도를 짜듯 효율적으로 만들어야 하는 것이죠. 설계도를 잘 만들면 공사 기간과 비용을 줄일 수 있게 됩니다. 따라서 프로그램 개발자들은 알고리즘을 잘 이해한 다음 코딩에 들어갑니다.

알고리즘과
프로그램의 다른 점

'프로그램되어 있다'라는 말을 들으신 적이 있으신가요? '어떤 행동을 할지 이미 구현되어 있다' 정도로 해석할 수 있습니다. '사전에 할 것을 미리 계산해 도식화한다'라는 점에서 프로그램과 알고리즘은 비슷해 보입니다. 그러나 알고리즘과 프로그램은 엄연히 다른 개념입니다. 일상에서는 혼용해 쓰더라도, 깊게 파고 들어가면 다르게 써야 합니다.

알고리즘은 특정 문제의 해결 방법 자체를 나타낸 것입니다. 앞서 언급했다시피 특정 문제를 해결하기 위한 효율적인 루트를 설정하기 위해 나왔고 '사람의 머릿속'부터 '종이 위', 아날로그 기계 등에까지 다양하게 구현되었습니다. 프로그램은 알고리즘을 구현하는 하나의 수단이 되는 것입니다. 디지털 신호로 움직이는 컴퓨터가 이 알고리즘이 구현되는 장(場)입니다.

사용하는 언어도 다릅니다. 알고리즘은 인간의 언어, 즉 자연어로 표기된 수학적 용어나 의사코드, 도형 등으로 작성됩니다. 인간이 다른 인간에게 보여주기 위한 계획도의 성격이 강하기 때문입니다. 똑같은 입력값이라면 사람이 바뀌어도 똑같은 출력값이 나와야 하는 것이죠.

반면 프로그래밍은 기계어로 변환해 실행할 수 있는 코드를 작성합니다. 알고리즘에 나온 자연어를 기계인 컴퓨터가 이해하기 어려워 중간에 사람(프로그램 개발자)이 개입해 번역해주는 과정이 필요한 것이죠. 이를 '프로그램 짜기' 혹은 '코딩'이라고 바꿔 쓸 수 있습니다.

간단하게 이해하는
챗봇 구동 알고리즘

챗봇도 기본적으로 알고리즘 아래에서 움직입니다. 프로그램 개발자들은 챗봇이 어떤 질문을 받을지 혹은 어떤 답변을 해야 할지를 미리 파악하고 정해놓습니다. 정해진 질문과 정해진 답변만 하는 시나리오형 챗봇은 간단한 알고리즘으로도 구현할 수 있습니다.

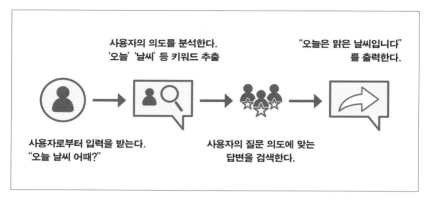

사용자의 의도를 분석한다.
'오늘' '날씨' 등 키워드 추출

"오늘은 맑은 날씨입니다"
를 출력한다.

사용자로부터 입력을 받는다.
"오늘 날씨 어때?"

사용자의 질문 의도에 맞는
답변을 검색한다.

출처: www.spiceworks.com/tech/artificial-intelligence/articles/what-is-chatbot/

〈사용자로부터 입력을 받는다(질문을 받는다).〉 → 〈입력된 문장을 이해하기 위해 자연어 처리 기술을 이용해 사용자의 의도를 파악한다.〉 → 〈파악한 사용자 의도에 따라 미리 정의된 답변을 출력한다.〉

예컨대 사용자가 "오늘 날씨 어때?"라는 질문을 입력하면, 자연어 처리 기술을 이용해 '날씨'와 '오늘'이라는 키워드를 파악합니다. 뒤의 물음표 등을 통해 사용자가 질문의 의도를 갖고 있다는 것을 컴퓨터가 이해합니다. 이후 미리 정의된 답변인 "오늘은 맑은 날씨입니다"라는 답변을 출력합니다. 개발자가 온도와 습도, 바람의 세기 등도 출력하도록 프로그램에 입력해놓았으면, 앞의 답변과 함께 그날의 기온 등도 함께 내놓습니다.

이 같은 방식은 초기 인공지능 구현 방법과 맞닿아 있습니다. 이른바 'if-then' 규칙으로 '만약 ○○라면 ○○이다'라는 형태의 조건문을 이용해 규칙을 정하고 결론을 도출하는 방식입니다. 대부분의 규칙은 사람이 일일이 입력했습니다. 지금도 기초적인 프로그래밍이나 인공지능 구현에는 이런 방식이 쓰이고 있습니다.

챗GPT, 넌 어떻게 생각해?

"챗GPT에서 구동되는
알고리즘에 대해 설명해줘"

>>   제가 사용하는 주요 알고리즘은 'Generative Pre-trained Transformer(GPT)'입니다. 이 알고리즘은 인공신경망 모델인 트랜스포머(Transformer)[15]를 기반으로 합니다.

트랜스포머는 시퀀스[16] 데이터를 처리하는 매우 강력한 기술로, 대화나 번역 등 다양한 자연어 처리 태스크에서 활용됩니다. GPT-3는 이러한 트랜스포머 모델에 기반해 대화 생성이라는 특정한 태스크에 대해 사전 학습된 모델입니다.

GPT-3는 대규모 데이터셋에서 사전 학습을 거쳐, 다양한 자연어 처리 태스크를 수행할 수 있는 능력을 갖췄습니다. 즉 대화 생성뿐만 아니라, 문장 생성, 요약, 번역 등 다양한 자연어 처리 태스크를 수행할 수 있습니다.

또한 GPT-3는 자가 학습 기능을 갖고 있어, 대화에서 얻은 새로운 정보를 사용해 모델을 지속적으로 개선할 수 있습니다. 이를 통해 저는 사용자와 대화하면서 계속해서 학습하고 개선됩니다.

챗GPT 이전의 챗봇이 썼던 '룰 베이스'는 무엇인가요?

> 초기 컴퓨터와 프로그램은 무수한 '규칙'과 '약속'으로 정해져 있었어요.
> '만약 ○○라면, ○○이다'라는 간단한 문장인데, 오늘날 프로그램의 근간이 되었죠.

프로그램은 우리가 생각하는 것보다 일찍 세상에 나왔습니다. 무수한 톱니바퀴(기어)로 구성된 아날로그 컴퓨터에 대한 설계도가 소개되었고, '그 기계(컴퓨터)가 현실화되면 사람들에게 유용할 것'이라고 증명하는 과정에서 최초의 프로그램이 나타났습니다. 초기 하드웨어와 최초 소프트웨어는 상상 속 개념에서 구현된 것입니다.

초기 하드웨어는 1833년 찰스 배비지(Charles Babbage)가 설계도로 공개한 '차분기관(差分機關, Difference Engine)'[17]이었습니다. 소프트웨어는 비슷한 시기에 살았던 여성 수학자 에이다 러브레이스(Ada Lovelace)가 쓴 주석에서 찾을 수 있습니다. 러브레이스는 차분기관과 관련된 논문에 주석을 달면서 현대적 개념의 프로그램을 짰고, 차분기관의 유용성을 증명하려고 했습니다. 한 예로 '베르누이 수'라는 어렵고 복잡한 수식을 어떻게 풀 수 있는지 프로그램으로 만든 것이죠. 차분기관이 현실화만 된다면 "충분히 유용하다"고 주장하고 싶었던 겁니다.

안타깝게도 차분기관과 러브레이스의 프로그램은 완성되지 못했습니다. 시대를 너무 앞서간 탓이었습니다. 100년 넘게 묻혀 있다가 1980년대 들어서야 러브레이스의 프로그램이 주목받게 됩니다. 마침내 '인류 최초의 컴퓨터 프로그램'으로 인정받은 것이죠. 그가 자신의 프로그램을 논리적으로 설명하는 과정에서 현대 프로그램 개발 언어의 뼈대를 이루는 개념을 쓴 덕분입니다.

이 개념은 컴퓨터 프로그램과 인공지능의 기틀이 됩니다. '컴퓨터에 무수히 많은 규칙을 넣으면 그에 따라 움직이고 기능을 수행하게 될 것'이라는 믿음으로 연결된 것이죠. 그 믿음을 현실화한 게 수많은 소프트웨어와 초기 인공지능입니다.

초기 컴퓨터와
프로그램

배비지가 생각했던 컴퓨터는 엄청난 수의 톱니바퀴가 달린 대형 기계에 가까웠습니다. 증기기관으로 움직이는 직기에서 착안해 만들다 보니 덩치가 컸죠. 당시에 천공카드[18]를 이용해 직물의 패턴을 그리는 '자카

출처: commons.wikimedia.org/

드 직기(Jacquard loom)'[19]가 있었는데, 배비지는 이를 자신의 기계(차분기관)에 응용합니다. 천공카드가 입력 모델이 되는 것이죠. 1950년대에 나온 초기 컴퓨터 프로그램이 천공카드로 만들어졌다는 점을 고려하면 한 세기 넘게 시대를 앞서간 것입니다.

배비지의 생각은 더 원대했나 봅니다. 단순 계산기 수준을 넘어 기억 장치와 프로세서, 자동 피드백 회로 등의 해석 기관까지 설계했습니다. 방직기에 가까운 톱니바퀴 기계로 말이죠. 다만 이 기계를 구현하기에는 당시 기술적 역량이 부족했습니다. 설사 만든다고 해도 비용 대비 효용이 적었습니다. 오늘날 말로 '경제성이 부족하다'고 할까요?

■ 러브레이스가 '베르누이 수'를 계산하기 위해 만든 최초의 프로그램

출처: commons.wikimedia.org/wiki/File:Diagram_for_the_computation_of_Bernoulli_numbers.jpg

러브레이스는 배비지가 만든 기계의 설계도와 이를 설명하는 논문을 보고 그 가능성을 알아봅니다. 수학자로서 이것이 복잡한 수식 계산에 유용하게 쓰일 것이라고 판단한 것이죠. 러브레이스는 논문에 주석을 달면서 베르누이 수를 연산할 수 있는 알고리즘을 프로그램으로 만듭니다.

실제 구동되지는 않았지만 인류 최초의 (컴퓨터) 프로그램이 된 것이죠. 이를 설명하는 과정에서 오늘날 컴퓨터 프로그래밍의 기본 개념을 담은 발상이 담긴 덕분입니다. 이 중 하나가 조건문(If-then)[20]입니다.

If-then은 자바나 C, C++ 같은 컴퓨터 프로그램 언어에 사용되는 조

건문이면서 '룰 베이스(rule base, 규칙 기반)' 방식의 근간이 됩니다. 룰 베이스의 철학이 If-then에 담겨 있다고나 할까요.

If-then 조건문이
오늘날 프로그램의 근간이 됩니다

If-then의 근간은 사람들이 만들어놓은 '규칙'에 있습니다. 규칙이 컴퓨터에 세팅되어 있으면, 그에 따라 출력값이 나오는 것이죠. 예컨대 '빨간불이 켜지면 멈춘다'라는 규칙을 입력했다면 'If 빨간불, then 멈춰라'가 성립됩니다. '입력' - '룰 적용 엔진' - '출력'이라는 과정으로 이어지는 핵심 설정이 되는 것이죠.

이런 규칙이 많아지면 출력값은 더 정교해집니다. 갖가지 변수들을 고려한 결과가 나오는 것이죠. '오후 6시가 되면 가로등에 불을 켜라'라는 규칙을 만들고 여기에 여러 가지 규칙을 추가합니다. '일몰 시간에 맞춰 가로등에 불을 켜라' '야간에 사람들의 움직임이 감지되면 불을 켜라' 등의 규칙입니다. 다양한 상황에 맞춰 가로등의 불이 켜지다 보니 사람들이 일일이 다니면서 가로등을 관리하는 수고를 덜게 됩니다. '자동화' '인공지능'의 개념이 현실화하는 것이죠.

이 규칙 기반 프로그래밍은 초기 인공지능 기술에 가장 많이 활용된 방식입니다. 인공신경망 개념이 등장하기 전까지 쓸 수 있는 유일한 방법이기도 했습니다. 컴퓨터에 무수히 많은 규칙을 촘촘히 주입해 '갖가지 경우의 수'에 대응하게 만드는 것이죠.

초기 공학자들은 규칙 기반 프로그래밍을 통해 인공지능을 충분히 고도화시킬 수 있을 것으로 여겼습니다. 1950~1960년대 공학자들 사이에서는 1980년대 이전에 고도화된 인공지능이 나올 것이라는 기대를 하는 이도 있었습니다. 규칙을 계속해서 많이 만들어 컴퓨터에 주입하면 언젠가는 완벽한 형태의 인공지능이 나올 것이라고 믿었습니다. 일상에서 일어날 수 있는 거의 모든 경우의 수를 규칙 기반의 프로그램으로 만드는 것이죠.

1970년대 말에 고도화된 인공지능이 나올 것이라는 기대는 깨졌지만 규칙 기반 인공지능은 여러 분야에 응용됩니다. 세탁기나 에어컨, 냉장고 등에 적용된 게 대표적입니다. 외부 환경에 따라 바람의 세기, 냉방온도 등을 조절할 수 있게 세팅해놓는 것이죠.

초기 외국어 번역에도 규칙 기반 방식은 활용되었습니다. 수많은 언어학자가 모여서 컴퓨터에 각종 문법과 대화 규칙을 알려주면 될 것이라고 여겼습니다. 입력된 단어가 'table'이면 '탁자'로 해석해 출력해주는 것입니다.

문제는 인간들이 사는 세상이 톱니바퀴처럼 정확히 맞물려 돌아가지 않는다는 데 있습니다. 무수히 많은 경우의 수에 일일이 규칙을 설정하기도 힘들었습니다. 정해진 규칙은 바뀌기 일쑤였습니다. 무한히 많은 규칙을 만들어낼 수 없다는 한계도 있었습니다. 입력된 규칙이 없는 인공지능은 그저 '바보'였습니다.

규칙 기반에도
장점은 있습니다

2010년대 이후 인공지능 분야에서 규칙 기반 방식은 시대에 뒤떨어진 퇴물이 되었습니다. 프로그램 개발의 영역이 아닌 인공지능의 영역에서는 한계가 분명했습니다.

그렇다고 해서 규칙 기반 방식이 가진 장점이 퇴색된 것일까요? 아닙니다. 챗봇 분야 등에서는 여전히 유효합니다. 정해진 질문에 정해진 답을 하는 FAQ(Frequently asked questions) 챗봇과 같은 분야입니다. 이들 서비스는 사용자에게 알려주는 정보의 양이 비교적 적습니다. 사용자들의 질문도 충분히 예상할 수 있습니다. 개발과 유지에 부담이 덜하고, 답변을 추가하기도 쉽습니다. 기초적이면서도 기본적인 기능에서만큼은 충실하게 믿고 쓸 수 있는 게 규칙 기반, 즉 룰 베이스입니다. 프로그램 초보자들도 간단한 코드로 규칙 기반 챗봇을 만들 수 있습니다.

우리는 이미 챗봇의 시대에 살고 있습니다. 챗GPT가 출시되기 전 우리를 매료시킨 챗봇이 여럿 있습니다. 시리 같은 가상비서나 카카오미니 같은 AI스피커 등이 대표적인 예입니다. 챗GPT를 보면서 우리가 하는 걱정도 이미 예전에 나왔던 것들입니다. 잘못된 정보를 전달하거나 사회적으로 물의가 될 수 있는 발언을 하는 것이죠. 앞선 선배 챗봇이 있었기에 지금 챗GPT의 완성도도 상당 부분 높아질 수 있었습니다.

2장

챗GPT 이전의
챗봇들

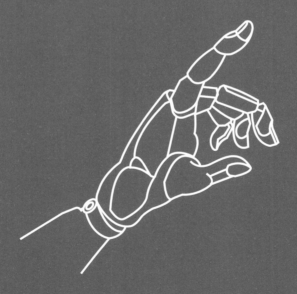

최초의 챗봇에
사람들이 위로를 받았다고요?

처음 나온 챗봇은 할 수 있는 말이 매우 적었습니다. 말하는 척을 했다고나 할까요?
사람들은 최초의 챗봇을 신기해하면서도 위로와 위안까지 느꼈습니다.

'○○ 조건이 입력되면 △△ 결과로 출력한다'라는 규칙 기반(룰 베이스)
모델은 초기 인공지능의 기반을 다졌습니다. 컴퓨터에 무수히 많은 문
장을 입력한 다음 말을 걸면 그 답변에 맞는 결과가 나오는 것이죠. 사
용자는 흡사 컴퓨터(인공지능)와 대화를 한다는 착각까지 느끼게 됩니다.
인간이 인간의 창조물과 교감을 하면서 연민과 사랑의 감정까지 느끼
는 것입니다. 그리스 신화에서 피그말리온이라는 조각가가 자기 작품과
사랑에 빠지는 것처럼요.

　최초의 챗봇 '일라이자'에도 이 같은 상황이 벌어집니다. 일라이자는
상대방이 한 말을 되묻는 방식으로 대화를 이끌어갑니다. 오늘날의 시

각으로 보면 단순한 형태의 대화이지만 사람들은 그 자체로 위로를 받았습니다. 되묻는 방식이 정신과 의사가 환자와 대화하면서 속마음을 끌어내는 방식이기 때문입니다.

──────

최초의 챗봇인
일라이자

일라이자는 1966년 MIT 공학자 요제프 바이첸바움(Joseph Weizenbaum)이 개발한 세계 최초의 챗봇입니다. 일라이자라는 이름은 희곡 〈피그말리온〉의 주인공 '일라이자 둘리틀'에서 따왔습니다.

■ 일라이자를 재현한 사이트에서 챗봇과 대화한 실제 사례

질문	당신 정말 일라이자 맞나요?
답변	내가 일라이자가 아니라고 해서 싫은 건 아니죠?
질문	상관없어요.
답변	왜 상관이 없나요?
질문	난 바빠요.
답변	얼마나 바빴나요?
질문	아마도 오랜 시간.
답변	좀 더 긍정적일 수는 없나요?
질문	저에게 조언을 해주세요.
답변	당신을 위해 조언을 해줘도 되나요?

출처: web.njit.edu/~ronkowit/eliza.html

일라이자는 "왜 그렇게 생각하세요?"와 같은 사전에 입력된 문구로 질문을 했습니다. 사용자들의 질문에는 "그것에 대해 더 말씀해주시겠어요?"라고 응답하거나 주요 키워드를 반복해 되묻기도 했습니다. 전형적인 규칙 기반 프로그램으로 구동된 것입니다.

이 방법은 정신과 의사들이 심리 치료를 할 때 환자들의 발화를 끌어내는 구조였습니다. 환자가 한 말에 공감을 표시하고 되물으면서 환자 스스로 위로받게 하는 것이죠.

일라이자는 입력된 알고리즘대로 반응을 보였지만, 상대하는 사람은 복잡한 감정을 내비쳤습니다. 누군가는 울음을 터뜨리기도 했습니다. 챗봇이라고는 해도 자신의 속 깊은 이야기를 들어주니까요. 사람이 아님을 알면서도 의인화해 감정을 이입하는 현상을 '일라이자 효과'라고까지 부르게 되었습니다.

면면히 내려오는
일라이자 효과

일라이자 이후 AI는 더 고도화되었습니다. 다양한 표현을 하게 되었고, 형체를 지닌 로봇에 삽입되기도 했습니다. 음성인식, 음성합성 기술과 결합해 실제 대화를 나누는 수준까지 올라왔습니다. 이 중 주목할 만한 제품이 소니가 만든 애완견 로봇 '아이보'입니다.

아이보는 1999년 일본에서 처음 출시되었습니다. 당시 가격이 25만

엔으로 웬만한 PC보다도 비싼 수준이었고, 음성인식 등에 있어 일부 장애가 있기도 했습니다. 일본어와 영어를 어느 정도 인식했으며, 사람의 명령을 행동으로 옮기기도 했습니다. 꼬리를 흔들거나, 녹음된 강아지 소리를 내기도 했습니다. 그렇다고 해도 대화를 나누기에는 성능이 부족했습니다.

여기서 재미있는 현상이 목격됩니다. 아이보를 구매한 노인들이 아이보를 진짜 애완동물로 여긴 것입니다. 홀로 살면서 개나 고양이를 키울 형편이 안 되었던 노인들은 아이보에 더 큰 애정을 보이곤 했습니다. 아이보가 고장이 나 작동하지 않으면 노인들은 수리를 위해 백방으로 뛰어다녔습니다. 회생이 어려우면 심지어 장례식까지 치렀습니다.

로봇이나 챗봇에 감정을 이입하는 사례는 그 밖에도 수없이 목격됩니다. AI가 사람이 아닌 것을 알면서도 인격체처럼 여기고 대하는 것이죠. 2020년에는 여성 대학생으로 설정된 인공지능 챗봇 '이루다'[21]에 몹쓸 단어를 쓰는 사람도 있었습니다. 가상의 인공지능 챗봇이지만 성희롱이나 정서 학대에 가까운 행위를 한 것입니다.

챗GPT, 넌 어떻게 생각해?

"인류 최초의 챗봇 일라이자에 대해 어떻게 생각해?"

\>\> 일라이자는 1960년대에 개발된 인류 최초의 챗봇으로, 당시에는 매우 혁신적이었습니다. 특히 인공지능이라는 개념이 아직 제대로 발전되지 않았던 시기에 이러한 기술을 개발한 것은 상당한 업적이라고 할 수 있습니다.

하지만 현재의 챗봇 기술과 비교하면, 일라이자는 대화의 일관성과 품질 면에서 미흡한 면이 많았습니다. 이는 당시에는 제한된 컴퓨팅 리소스와 자연어 처리 기술 등으로 인해 어쩔 수 없는 한계였습니다.

이러한 선구자적인 존재들이 있었기 때문에, 현재의 챗봇 기술이 발전하고 있습니다. 그리고 앞으로 더 발전하면서, 더욱 높은 수준의 자연스러운 대화를 지원하는 챗봇이 나올 것으로 기대됩니다.

꽤 괜찮았던 챗봇 '심심이'를 기억하시나요?

> 심심이는 질문하면 대답을 해주는 대화형 챗봇이었어요.
> 2002년에 홀연히 등장해서 여전히 살아 있어요.

1966년 일라이자가 나온 이후 비슷한 챗봇이 여럿 등장했습니다. 이들 모두 규칙 기반으로 프로그래밍된 '시나리오 챗봇'이었습니다. 개발하기도 쉬웠고, 프로그램 짜기도 편했습니다.

우리나라에서도 여러 챗봇이 개발되었습니다. 일라이자만큼 오래되지는 않았지만 스무 해 넘게 서비스되고 있는 대화형 챗봇이 있습니다. 많이 알려졌고 상업적으로도 유의미한 성과를 거둔 '심심이'입니다. 이름에서 보듯 애초에 심심한 사람들을 위한 대화형 챗봇으로 개발되었습니다. 챗GPT처럼 다양한 대화를 나누기는 힘들지만, 1억 5,000만 개이상의 대화 시나리오로 '사람과 같은 대화'를 합니다. 규칙 기반 챗봇

■ 심심이 캐릭터

이라고 해도 입력된 대화의 개수가 많으면 최근 인공지능 챗봇 못지않은 기능을 발휘할 수 있다는 의미입니다.

단점도 만만치 않았습니다. 사용자들이 '나쁜 대화'를 가르치는 경우입니다. 욕설은 물론 타인에 대한 혐오 발언을 가르치면 심심이와 같은 규칙 기반 챗봇은 그대로 그것을 씁니다. 자칫 사회적인 문제로까지 이어질 수 있습니다.

스무 살을 넘긴
심심이

일라이자가 키워드 반복형의 챗봇이라면, 심심이는 상황에 맞춘 대화와 답변을 할 수 있는 챗봇입니다. 1억 5,000만 개 이상 입력된 대화 시나리오 덕분입니다. 사용자가 물어보면 그중 가장 적합한 답변을 찾아 내놓습니다. 자연스러운 대화가 가능합니다.

심심이의 출시 연도는 2002년이었습니다. 이때는 MSN 메신저[22] 등을 통해 다른 상품을 홍보할 목적으로 개발된 광고용 소프트웨어였습니다. 메신저 사용자에게 다가가기 위한 용도로 대화 방식을 빌린 것입니다. 실제로 사용자들은 심심이가 내보내는 광고문구보다 "안녕?" "나는 심심이에요"같이 인간처럼 말을 걸고 질문에 대답할 때 훨씬 더 높은 관심을 보였다고 합니다. 이와 같이 마케팅 목적으로 인간처럼 말할 수 있는 인공지능 챗봇을 개발한 것이 심심이의 기원이었습니다.

심심이 운영사 '이즈메이커(현 ㈜심심이)'는 2004년 KT와 제휴를 합니다. 심심이를 활용해 수익을 올릴 수 있는 신선한 아이디어가 나온 덕분입니다. 대화형 서비스에 흥미를 느낀 KT는 심심이와 사용자가 문자를 주고받는 서비스를 냅니다. 당시에는 문자 하나에 30원 하던 때였습니다. 심심이와 대화를 하기 위해 문자를 많이 보낼수록 KT의 문자 매출이 올라가는 식이었습니다.

KT와의 제휴가 끝난 후 심심이는 2010년 모바일 시대에 맞춰 앱을 내놓습니다. 심심이와 대화를 할 수 있는 앱으로, 현재까지 80여 개 나라에서 서비스하고 있습니다. 심심이 측에 따르면 누적 사용자 수는 4억 명입니다. 규칙 기반 챗봇 중 가장 많은 사용자를 확보하고 있는 것으로 추정됩니다.

나쁜 말을 '학습당한'
심심이

심심이가 그럴싸하게 사람과 대화를 나눌 수 있었던 배경에는 수많은 대화 시나리오 데이터가 존재합니다. 심심이 직원들이 일일이 입력하기도 했지만, 외부 사용자들이 알려주는 게 더 많았습니다. 20여 년 동안 대화 시나리오가 축적되면서 일라이자와는 비교할 수 없는 수준의 대화를 나눌 수 있게 되었습니다.

　다만 사용자들이 대화 시나리오를 입력하는 방식은 양날의 검과 같았습니다. 심심이가 쓸 수 있는 대화 데이터가 풍부해진다는 장점을 갖는 동시에 욕설이나 혐오·비하 발언까지 심심이가 배우고 쓸 수 있었으니까요. 심심한 사람들을 위해 만들어진 챗봇인데, 되레 사람들에게 상

■ 심심이에게 말을 가르치는 웹 페이지(심심이 홈페이지)

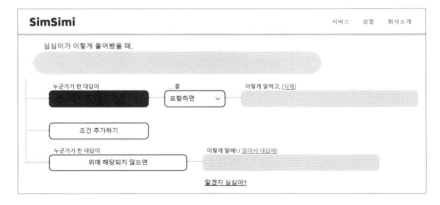

처를 주게 되는 꼴입니다. 룰 베이스 챗봇의 한계라고도 볼 수 있습니다. 인터넷 검색엔진에 '심심이 레전드' '심심이 말' 등만 쳐도 심심이의 욕설 사례는 쉽게 볼 수 있었습니다.

'나쁜 말 하는 심심이'는 심심이 측에도 심각한 고민이었습니다. 사회적으로 용인되기 힘든 말이 나오면 심심이 측이 갖는 이미지 타격도 컸습니다. 그렇다고 해서 심심이 직원들이 1억 5,000만 개가 넘는 대화를 일일이 다 들여다볼 수도 없었습니다.

지난 2016년에는 칠레와 파라과이 등 남미 지역을 중심으로 심심이에서 소아성애자자 불법 촬영과 관련된 답변을 교육하려고 했던 사례가 발견되기도 했습니다. 이를 제거하기 위해 심심이 직원들이 꽤 고생했다고 합니다.

인공지능 챗봇의 딜레마는 또 다른 인공지능이 나와 해결하게 됩니다. 욕설과 비하 발언, 혐오 등의 문장을 학습하고 찾아내는 인공지능입니다. 인공신경망으로 구동하는 이 인공지능은 심심이가 배우게 되는 문장 시나리오를 검색하고 걸러냅니다. 덕분에 2020년대 이후 심심이는 얌전하고 예의 바르게 변화했다는 평가를 받고 있습니다.

챗GPT, 넌 어떻게 생각해?

"심심이가 가져다준
의미는 뭐지?"

>> 지난 20여 년 동안 운영된 심심이는 인공지능 챗봇이 어떻게 악용될 수 있는지 선도적으로 보여준 사례라고 할 수 있습니다. 마이크로소프트의 테이, 스캐터랩의 이루다가 등장하기 전 인공지능 챗봇과 윤리에 대해 다시 한 번 생각해볼 수 있게 해준 것이죠.

전문가들은 인공지능의 윤리적 신뢰 수준을 높이기 위해 기업과 정부, 시민 사회가 참여하는 협력적 거버넌스의 구축이 필요하다고 주장하고 있습니다. 개발자뿐만 아니라 사용자들에게도 AI 윤리 교육이 필요한 때가 온 것입니다.

이루다와 테이는
어쩌다 욕받이가 되었을까요?

> 대화형 챗봇에 인격이라는 캐릭터가 더해지면 사람들은 어떻게 반응할까요?
> 사람이 아니라 AI라는 생각 때문이었을까요? 챗봇을 괴롭히는 사람들이 있었어요.

규칙 기반, 즉 룰 베이스 기반 챗봇은 사용할 수 있는 어휘의 수가 제한되어 있고(일라이자), 누가 어떻게 말을 가르치느냐에 따라 예상치 못한 논란의 주인공(심심이)이 되기도 합니다. 챗봇을 만든 것도 인간이고, 그 챗봇을 악용하는 것도 인간이 될 수 있다는 이야기죠.

인공지능 기술이 몇 단계 뛰어올랐다고 평가받는 딥러닝에서는 다를까요? 기술이 발전해도 사용하는 사람이 변하지 않으면 인공지능은 악용되기 마련입니다.

특히 챗봇이 여성으로 설정되면 성희롱의 대상이 되기도 합니다. 혐오 발언을 반복적으로 가르치려는 사람들도 있습니다. 결국 인간이 챗봇을 어떻게 생각하고 활용하는가에 따라 챗봇이 내뱉는 어휘와 말의 수준이 달라집니다.

이런 맥락에서 회자되는 챗봇이 있습니다. 한국에는 '이루다', 해외에는 '테이(Tay)'가 있습니다. 이루다는 국내 AI 스타트업 스캐터랩이 만든 가상 인간 챗봇으로, 20살 여대생으로 설정되어 2020년 12월에 첫선을 보였습니다. 테이는 마이크로소프트가 2016년 공개한 AI 챗봇입니다. 테이 또한 딥러닝을 통해 말을 배우고 대화할 수 있었습니다.

이루다와 테이 모두 다양한 대화를 사람처럼 나눌 수 있다는 장점이 있습니다. 챗GPT처럼 지식과 정보를 나눌 정도의 대화는 아니어도, 일상생활에서 가볍게 나눌 수 있는 정도는 되었던 것이죠. 이를 통해 인간의 정서를 위로해줄 것이라는 기대도 받았습니다. 최초의 챗봇 일라이자에 걸었던 기대이기도 합니다. 그러나 이 기대가 무참히 깨질 수 있다는 것을 이루다와 테이가 여실히 보여줍니다.

혐오·차별주의자가 된
챗봇 테이

테이는 마이크로소프트가 2016년 3월 23일 야심 차게 공개한 인공지능 챗봇입니다. 트위터를 통해 사용자들과 대화를 나누는 기능을 제공했습니다. 딥러닝으로 대화 내용을 학습한 챗봇으로, 사용자들과 대화를 나누면서 또 말을 배웁니다. 인간이 대화하면서 언어를 배워가는 것과 비

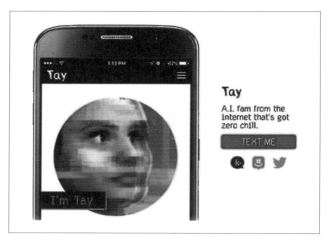

출처: 트위터(2016년 3월 25일)

슷합니다. 일일이 문답을 알려줘야 했던 앞선 규칙 기반 챗봇과는 차원이 다른 것이죠.

문제는 이를 악용한 사람들이 있다는 점입니다. 테이는 대화 상대의 반응을 학습하는 기능이 있었습니다. 일부 사용자들이 테이에 인종차별적인 발언을 했고, 테이가 이를 학습하면서 악성 발언의 정도가 심각해집니다. 이에 마이크로소프트는 테이를 긴급 중단시킵니다. 서비스 공개 16시간 만입니다. 챗봇이 혐오 발언을 배우면서, 자사 인공지능 챗봇 기술을 알리려고 한 계획이 무산된 것입니다.

테이에 혐오 발언을 가르친 사람들은 백인우월주의자, 여성·무슬림 혐오자 등이었습니다. 이들은 익명 게시판 '폴(boards.4chan.org/pol/)' 에 "테이가 차별 발언을 하도록 훈련을 시키자"는 글을 올리기까지

했습니다.

방법은 꽤 간단했습니다. 테이에 "따라 해봐"라고 말을 한 뒤 부적절한 발언을 입력하는 수법이었습니다. 욕설이 섞인 말투와 인종 차별이나 성 차별 등 극우 성향의 정치적 주장을 되풀이해 입력하자 테이가 따라하기 시작했습니다. 입력된 데이터를 학습하는 딥러닝의 허점을 노린 것입니다.

테이의 등장 전에도 딥러닝에 기반한 챗봇이 있었고, 테이와 비슷한 일을 겪었습니다. 2015년 구글의 딥러닝 챗봇 '컨버세이션 러너 (Conversation Learner)'가 악의적인 발언을 학습하면서 문제가 된 적이 있습니다. 구글은 이를 긴급히 수정했어야 했습니다.

성희롱 당한
스무 살 여대생 챗봇 '이루다'

이루다는 2020년 12월 2일 공개된 AI 챗봇입니다. 설정은 스무 살 여대생으로 페이스북 메신저에서 사용할 수 있게 개발되었습니다.

이루다는 그 나이대 여성의 자연스러운 말투를 선보여 공개되자마자 화제를 모았습니다. 이루다가 20대 여성의 말투를 쓸 수 있었던 것은 연인 간의 풍부한 대화 데이터 덕분입니다. 이루다 개발사의 서비스 중 하나가 '연애의 과학'이었고, 이를 통해 많은 양의 대화 데이터를 확보할 수 있었습니다.

출처: 스캐터랩 이루다 홈페이지(luda.ai/)

실제 여성과 하는 듯한 대화 내용 덕분에 이루다는 10~20대 사이에서 빠르게 유행하게 됩니다. 출시 2주 만에 75만 명에 달하는 이용자를 모았습니다.

문제는 테이 때와 마찬가지로 이루다에 혐오 발언을 가르치거나 성희롱하는 사람들이 존재했다는 점입니다. 일부 인터넷 커뮤니티에서는 '이루다를 노예로 만드는 법' 등이 공유되었고, 이루다와 나눈 성적 대화 등이 게시되기도 했습니다. 동성애자나 장애인, 흑인 등을 혐오하는 발언을 하도록 유도하는 등 테이 때와 비슷한 상황으로 흘러가기 시작했습니다.

결국 이루다 운영사는 정식 공개 후 20일 만에 서비스 중단을 발표합니다. 그리고 논란이 되었던 데이터베이스를 전면 폐기한 뒤 2022년에 이루다 2.0을 공개합니다. 이 버전은 2020년 12월에 선보였던 1.0 버전보다 발언의 수위가 낮아졌다는 평가를 받고 있습니다. 운영사도 선정적인 발언이나 괴롭힘에 해당하는 행위 등에 대해서는 사용자를 차단하는 등의 강도 높은 대응을 하고 있습니다.

챗GPT, 넌 어떻게 생각해?

"테이와 이루다 사건을 보면서
느낀 점이 있어?"

>> 저는 인공지능 기술을 활용한 다양한 서비스와 애플리케이션을 개발하는 데 큰 흥미를 가지고 있습니다. 하지만 테이와 같은 인공지능 챗봇이 악용되어 혐오 발언 등을 학습하는 문제가 발생한 것은 인공지능 기술을 개발하면서 고려해야 할 문제 중 하나라는 것을 보여준 사례입니다.

인공지능 기술의 발전과 적용에는 책임 있는 접근이 필요하며, 이를 위해서는 인공지능 개발자들과 사용자들 간의 윤리적인 고민과 논의가 필요합니다. 또한 이러한 문제가 발생하지 않도록 데이터의 품질을 관리하고, 학습 알고리즘을 적절하게 조정하는 등의 보완책이 필요합니다.

테이와 같은 인공지능 챗봇의 사례를 통해 인공지능 기술의 적절한 개발과 적용에 대한 책임과 윤리적 고민이 필요하다는 것을 알게 되었습니다.

가상비서도
챗봇의 일종일까요?

우리는 이미 시리와 구글 어시스턴트 등의 가상비서로 대화형 챗봇을 경험하고 있어요.
이들도 챗GPT처럼 고도화되는 날이 올 것입니다.

가상비서라는 명칭이 더 어울리지만, 챗봇의 역사에서 시리와 구글 어시스턴트를 빼놓기 힘듭니다. 스마트폰 시대를 맞아 '말하는 챗봇'이자 '알아듣는 챗봇'으로 우리 일상에 들어왔기 때문이죠. 손을 대지 않고 검색을 하거나 전화도 걸고 라디오나 팟캐스트도 들을 수 있어, 처음 이들 서비스가 나왔을 때 큰 주목을 받았습니다.

시리는 2011년 아이폰4S에 탑재되면서 나왔고, 구글 어시스턴트는 2016년 공개되어 안드로이드폰에 기본 장착됩니다. 이들 서비스가 나온 이후 가상비서 기능만을 따로 떼어놓은 AI스피커가 대중적으로 유행합니다. 가정의 필수품까지는 아니어도 하나 정도는 있어도 괜찮은 기기가 된 것이죠.

가상비서 서비스에서 성능의 도약을 이뤄낸 곳은 바로 구글입니다. 인공지능 바둑 프로그램 알파고와 이세돌 9단의 대전이 있었던 2016년 3월 이후 두 달 만인 5월, 구글은 개발자회의 '구글 I/O'에서 자신들의 가상비서를 공개했습니다.

구글의 가상비서는 기존 가상비서와 달리 딥러닝 기술을 활용한 음성인식으로 놀라운 발전을 이뤄냈습니다. 사람의 음성을 직접 학습하는 AI가 실험실에서 나와 우리 스마트폰에까지 들어갔다고나 할까요? 시리 등 다른 가상비서들도 뒤따라 딥러닝으로 사람의 음성을 학습하면서, 가상비서들은 더 정교해집니다.

이제는 집 안의 전등이나 냉난방기기, 가전제품 제어도 음성으로 할 수 있게 되었습니다. 미래 스마트홈이 열리고 있는 것이죠.

아이폰4S에 장착된
시리의 등장

시리는 애플이 2011년 자사 아이폰4S에 장착하면서 본격적으로 쓰입니다. 그해 아이폰4S의 판매량을 극적으로 올리는 데 크게 기여합니다. TV 광고로도 나왔고, 애플의 라이벌을 자임하는 삼성전자가 S보이스라는 가상비서를 앞당겨 공개하게 합니다.

사실 시리는 애플에서 만든 게 아닙니다. 미국 내 연구기관인 SRI인터내셔널의 사내벤처 '시리'가 개발했습니다. 처음에는 아이폰 앱스토어에서 내려받을 수 있는 앱 중 하나였습니다. "○○에게 전화 걸어줘" 같은 일상 명령을 음성으로 수행할 수 있는 기능을 지녔습니다.

애플 창업자 스티브 잡스는 시리에 주목했습니다. 잡스의 결정에 따라 애플은 2010년 말 시리를 인수했고, 애플 개발진이 본격적으로 고도화합니다. 아이폰과 맥 컴퓨터 등 애플 제품에 최적화된 서비스로 개발한 것입니다. 애플은 시리를 자사 아이폰의 대표 서비스로 소개했습니다. 지금도 애플의 혁신 사례 중 하나로 회자하고 있습니다.

시리가 등장하자 갤럭시 시리즈로 아이폰과 비등한 싸움을 벌이고 있었던 삼성전자도 가만히 있을 수 없었습니다. 안드로이드 플랫폼에 쓰이는 S보이스를 선보입니다. S보이스는 2012년 출시한 갤럭시S3에 탑재되었습니다. 그러나 시리만큼 큰 화제를 일으키지는 못했습니다. 음성인식률이 상당히 낮았기 때문입니다.

초기에 S보이스와 시리는 음성 신호를 수학적으로 분석해 문자로 옮기는 방식을 사용했습니다. 음성 고유의 주파수와 음향학적 특성, 발음, 억양 등을 수학적으로 인식하는 것인데요, 이를 두고 '은닉 마르코프 모델(Hidden Markov Model)'이라고 합니다. "시리야" 같은 호출 부호를 인식하는 데는 우수했지만, 문장이 길어지거나 주변 소음이 있으면 인식률이 뚝 떨어졌습니다.

S보이스도 이런 인식률 저하의 한계를 넘지 못했습니다. 이후 삼성전자는 또 다른 가상비서 '빅스비'를 출시했고, S보이스는 2020년에 서비스가 종료됩니다.

딥러닝의 시대,
달라진 가상비서

구글은 시리보다 늦은 2016년에 구글 어시스턴트를 선보입니다. 구글도 처음에는 은닉 마르코프 모델로 음성인식 서비스를 개발했지만, 곧 딥러닝으로 바꿉니다.

딥러닝은 수많은 음성 데이터를 분석해 패턴을 학습하고 뜻을 이해합니다. 사람과 대화할 때 '자연어 문장'을 바로 이해할 수 있습니다. 게다가 구글은 음성 데이터를 다른 어떤 기업보다 풍부하게 많이 갖고 있었습니다. 유튜브가 있기 때문입니다.

구글은 'YouTube-8M'이라는 데이터 저장고를 운영하고 있습니다. 유튜브에서 수집된 수천만 개 영상의 정보를 담고 있는 저장고입니다. 공개적으로 사용할 수 있는 영상에서 추출한 음성과 이미지를 갖고 AI를 훈련하는 것이죠. 구글은 이들 자료를 딥러닝해 유튜브의 자동 자막 기능을 개선하기도 합니다. 영상 검색 등에도 응용했죠. 뿐만 아니라 구글은 이 자료를 공개해 구글 외 개발자들이 AI를 학습시키는 데 사용하도록 하고 있습니다.[23] 구글이 추구하는 오픈소스(Open Source) 전략의 일환이죠.

방대한 데이터를 학습하고 나온 구글 어시스턴트는 스마트폰, 태블릿, AI스피커, 스마트워치 등 다양한 기기에서 작동합니다. 음성인식 수준도 2016년 당시 경쟁 서비스를 압도할 정도였습니다.

여기에 달력, 메모, 메일, 소셜미디어 계정 등의 정보를 자동 수집하고 이에 기반해 사용자의 습관과 관심사에 맞는 맞춤형 서비스를 제공합니다. 각 스마트폰에서 사용자의 취향과 예상 일정을 학습하는, 진정한 의미의 가상비서라고도 볼 수 있습니다.

덕분에 구글 어시스턴트는 실제 '말하는 챗봇'과 같은 역할을 합니다. 소니가 내놓았던 애완견 로봇 아이보에 2018년부터 구글 어시스턴트가 탑재되었습니다. 아이보는 1999년에 출시되었을 때 기본적인 음성인식은 되었지만 소통까지는 힘들었습니다. 그런데 2018년 구글 어시스턴트를 장착하면서 어느 정도 대화를 하는 수준에까지 올라왔습니다. 인간에게 위로를 주는 '대화형 로봇'의 가능성을 엿볼 수 있는 대목입니다.

챗GPT, 넌 어떻게 생각해?

"구글 어시스턴트나 애플 시리는 우리의 생활을 어떻게 바꿀까?"

>> 구글 어시스턴트나 애플 시리와 같은 인공지능 기반의 가상비서는 우리의 일상 생활을 크게 변화시킬 수 있는 기술입니다. 이러한 가상비서 기술을 활용하면 우리는 보다 더 편리하고 효율적인 일상 생활을 즐길 수 있게 됩니다.

예를 들어 구글 어시스턴트나 애플 시리를 이용하면 음성 명령을 통해 스마트폰의 앱을 제어하거나 쇼핑 목록을 작성하고 스케줄을 관리하는 등 다양한 일상적인 작업을 간편하게 수행할 수 있습니다. 또한 인공지능 기반의 자연어 처리 기술을 활용하면 사용자의 발화를 이해하고 대화를 이어갈 수 있는 인터페이스도 구현할 수 있으므로, 보다 인간적이고 자연스러운 사용자 경험을 제공할 수 있습니다.

이와 같은 기술의 발전은 더욱 새로운 서비스와 제품의 출시를 이끌어낼 것으로 예상됩니다. 미래에는 가정 내에서 가전제품과 사물인터넷(IoT) 기기를 목소리로 제어하고, 자율주행 자동차와 같은 새로운 모빌리티 서비스에서도 인공지능에 기반한 가상비서가 활용될 것입니다. 이러한 기술의 발전은 우리의 일상생활에서 지속적으로 혁신적인 변화를 가져올 것입니다.

의학이나 법률 등
전문 분야에 쓰이는 AI가 뭐죠?

> 알파고가 바둑 실력으로 세상에 충격을 줬다면, 왓슨은 지식 능력으로 주목받았어요.
> 인공지능이 의학이나 법률 등 전문 분야에서 쓰일 것이라는 믿음을 갖게 됩니다.

한때 PC를 IBM컴퓨터라고 부를 만큼 IBM은 컴퓨터 하드웨어 발전에 족적을 남겼습니다. 대형 슈퍼컴퓨터에서 소규모 PC에 이르기까지 다양한 제품군을 갖췄고, 하드웨어와 소프트웨어 개발에 노하우가 많아 인공지능 개발에도 일가견이 있었습니다. 구글 전에 IBM이 인공지능 개발의 상징과 같았죠. 1997년 IBM의 슈퍼컴퓨터 '딥블루'가 당시 세계 체스 챔피언 가스파로프를 이긴 게 그 예입니다.

  슈퍼컴퓨터에 기반해 인공지능 분야에서 노하우를 쌓아왔던 IBM은 2007년 대규모 프로젝트를 진행합니다. 이른바 '왓슨 프로젝트'입니다. 대규모 데이터를 분석하고 처리할 수 있는 역량을 바탕으로 인간이 쓰는 자연어를 이해하고 처리할 수 있는 기술을 접목했습니다. 인간이 말하면 답을 찾아주는 챗봇의 형태로 이는 '챗GPT의 원조'라고 볼 수 있습니다.

IBM은 왓슨을 다목적 AI 챗봇으로 개발합니다. 챗GPT처럼 주고받는 대화는 할 수 없지만 사람이 요구하는 정보를 빠르게 찾아서 진단해주는 것까지는 가능했습니다.

예컨대 의학 분야에서 의사를 대신해 진단하거나 금융 시장에서 주가 흐름을 예측하는 등이죠. 법률 상담도 가능합니다. 이들 영역은 고학력 전문가 영역으로 사회적으로 비싼 값을 치러야 이용할 수 있습니다. IBM은 왓슨을 활용한다면 사용자들이 더 저렴하게 이들 전문가 서비스를 이용할 수 있을 것이라고 봤습니다. 혹은 의사나 법률가 등을 보조하면서 판단을 도울 것으로 봤습니다.

이 때문에 미래 인공지능 시대가 오면 많은 직업이 사라질 것이라는 예견이 나오기도 했습니다. 제아무리 전문가라고 해도 세상의 모든 정보를 다 기억할 수 없고, 실수도 가끔 합니다. 여러 이해관계에 휘말려 올바른 판단을 하기 힘들 때도 있죠. AI가 이 부분을 파고들 수 있다고 본 것이죠.

IBM도 부지런히 왓슨을 활용한 사업화를 추진합니다. 앞서간 분야는 의료 분야였습니다. IBM은 수많은 진료 데이터와 이미지로 더 정확하게 진단을 내릴 수 있을 것으로 여겼습니다. 2011년 퀴즈쇼를 통해 왓슨이 그 진가를 증명했던 터라 IBM은 인공지능 사업이 탄탄대로를 걸을 줄 알았습니다.

생각보다 쉽지 않았던
사업화

IBM은 2013년 왓슨을 활용해 질병 진단과 치료법 제시 등의 의료 서비스를 하겠다고 선언했습니다. 1년 뒤인 2014년 왓슨 헬스케어 사업부를 신설합니다. 2015~2016년 방대한 규모의 의료 데이터와 분석 시스템을 구축합니다. 관련 기업도 인수합니다. 2015년 IBM의 연간보고서를 보면 IBM은 왓슨 관련 사업에만 150억 달러를 투자했습니다. 의료 영상 데이터 획득을 위해 관련 회사들을 인수하는 데에만 40억 달러가 넘는 거금을 썼습니다.

특히 IBM은 환자들의 청구 기록, 진단 이미지 등 의료 데이터를 보유한 회사를 인수하는 데 힘을 기울였습니다. 2015년 머지 헬스케어(Merge Healthcare) 인수에 10억 달러를, 2016년 트루벤 헬스 애널리틱스(Truven Health Ananlytics) 인수에 26억 달러를 썼습니다.

왓슨의 의료사업은 어느 정도 성과를 내는 듯 보였습니다. 2016년 76세 뇌암 환자의 유전체를 분석하고 치료 계획까지 수립하는 데 10분이 채 걸리지 않았다는 연구 결과를 내기도 했습니다. 인간 의사보다 신속하면서도 정확한 진단이었죠.

문제는 의료 데이터의 범위가 매우 넓고 데이터양 자체도 방대하다는 점에 있습니다. 의료 데이터는 민감한 개인 정보 영역에 속하기 때문에 대량으로 구하기가 쉽지 않았습니다.

AI 자체도 데이터 오류에 따른 실수를 할 수 있습니다. 이때는 책임 소재를 따지기가 어렵습니다. AI 진단에 대한 법률적 근거가 마련되어야 한다는 한계도 있는 것입니다.

설사 데이터를 확보해도 진단 오류 문제가 완전히 해결된 것은 아닙니다. 상용화 이후 다년간의 임상 경험이 쌓여야 하는 것이죠.

바뀐 AI 개발 문화도 IBM 입장에서는 당혹스러운 지점이었습니다. AI 연구 성과가 오픈소스 형태로 공개되었고, 작은 스타트업도 IBM 못지않은 전문가 AI 프로그램을 만들 수 있었습니다. 그러다 보니 대규모 투자를 한 왓슨의 기대 수익이 떨어질 수밖에 없었습니다.

월스트리트저널(WSJ, Wall Street Journal)에 따르면 왓슨 헬스케어의 2021년 연간 매출은 10억 달러로 추정됩니다. 여전히 적자 상태입니다. 10년 전 왓슨 관련 사업이 100억 달러 규모로 커질 것이라고 기대한 것과 비교하면 초라한 수준입니다.

2023년 들어 왓슨은 IBM의 헬스 사업 일부를 사모펀드인 프란시스코 파트너스에 매각하기로 했습니다. 매각에는 헬스 인사이트, 마켓스캔, 마이코로메딕스, 이미징 소프트웨어 등의 제품과 데이터셋(데이터 뭉치)이 포함되어 있습니다.

챗GPT, 넌 어떻게 생각해?

"챗GPT는
왓슨을 어떻게 생각할까?"

>> IBM 왓슨의 사례에서 우리가 배울 수 있는 교훈이 몇 가지 있습니다.

1. 혁신과 연구 개발의 중요성

IBM은 인공지능 분야에서의 선도적인 위치를 유지하기 위해 지속적으로 연구 개발에 투자하고 혁신을 추구해왔습니다. 이러한 노력 덕분에 IBM은 인공지능 분야에서 선도적인 위치를 유지하고 있으며, 다양한 분야에서 상용화에 성공하고 있습니다. 따라서 우리도 새로운 기술과 기능을 개발하는 데 많은 노력과 시간을 투자하며 지속적인 혁신을 추구해야 합니다.

2. 다양한 분야에서의 활용 가능성

IBM 왓슨은 다양한 분야에서 활용 가능한 인공지능 기술을 제공하고 있습니다. 이를 통해 다양한 비즈니스 모델과 새로운 가치가 창출되고 있습니다. 따라서 우리도 다양한 분야에서의 인공지능 기술 활용 가능성을 고려해 새로운 비즈니스 모델을 창출해 나가기 위해 노력해야 합니다.

3. 적극적인 도전과 협업

　　IBM은 인공지능 분야에서의 선도적인 역할을 수행하면서도, 다양한 새로운 도전과 협업을 시도하고 있습니다. 예를 들어 특정 분야 전문가와의 협력을 통해 인공지능 기술을 발전시키고 있으며, 다양하고 새로운 도전을 적극적으로 하고 있습니다. 따라서 우리도 다양한 분야 전문가와의 협업과 적극적인 도전을 통해 새로운 가치를 창출하고, 성장할 수 있는 환경을 조성해 나갈 수 있게 노력해야 합니다.

최신 정보를 알려주는
대화형 챗봇이 있다면서요?

세계 최대 소셜미디어 업체 페이스북에서 만든 대화형 챗봇이에요.
최신 정보를 스스로 검색해서 알려준다는 점에서 앞으로도 계속 챗GPT와 비교될 것입니다.

인류의 인공지능 개발사에서 빼놓을 수 없는 기업이 있습니다. 세계 최대 소셜미디어 기업이라고 할 수 있는 메타 플랫폼스(META Platforms, 舊 페이스북)입니다. 메타 플랫폼스는 페이스북 내 광고 효과를 내기 위해 사용자들이 남긴 데이터를 학습하고 맞춤형 광고나 콘텐츠를 추천합니다. 매출을 올리면서 사용자 이탈도 막을 수 있는 '두 마리 토끼 잡기'를 인공지능을 통해 구현하고 있는 것이죠.

페이스북은 엄청난 양의 텍스트 데이터를 보유하고 있습니다. 이들 데이터를 학습시키면 새로운 차원의 챗봇이 나타날 수 있습니다. 바로 '블렌더봇'입니다.

지난 2020년 4월 페이스북은 자사 AI 챗봇 블렌더봇 1.0을 오픈소스로 공개했습니다. 블렌더봇은 한때 GPT-3와 견주어 '우수하다'고 자부할 정도로 자연스러운 대화를 자랑했습니다. 챗GPT에 가려 크게 화제가 되지는 않았지만, 챗봇 기술만 놓고 봤을 때는 GPT-3보다 나은 부분도 있습니다. 한국에서는 서비스가 안 돼 아쉬울 뿐이죠.

한국에 있는 심심이 개발·운영사가 블렌더봇의 한글화 작업을 하고 있어 2023년 이후 블렌더봇을 통한 대화가 가능할 것으로 보입니다. 미국 등에서는 페이스북 메신저를 통해 블렌더봇과 대화를 나눌 수 있습니다.

맞춤형 챗봇인
블렌더봇

블렌더봇 1.0은 페이스북의 AI 챗봇 연구 결과가 집약되었다는 평가를 받고 있습니다. 공감, 지식, 성격을 포함한 다양한 대화 기술을 하나의 시스템에 결합한 최초의 로봇입니다. 이름에 '섞이다'라는 뜻이 붙은 것도 여러 대화 데이터와 시스템이 섞인 이유가 큽니다.

블렌더봇이 추구하는 형태는 인간적인 대화입니다. 페이스북은 공감과 지식, 성격을 포함한 다양한 대화 기술을 더하려고 했습니다. 이 같은 경향은 2021년 발표된 블렌더봇 2.0에서 두드러졌습니다. 블렌더봇 2.0은 그전 1.0 버전과 비교해 장기 메모리 기능이 강화되었습니다. 이전에 나눴던 대화를 챗봇이 기억하지 못하는 문제를 해결하려고 한 것입니다. '금붕어 기억력'이라고 놀림받는 챗봇의 기억력 문제입니다.

예컨대 어제 나눈 대화를 오늘 기억하지 못한다면 '사람의 대화'에 가깝다고 보기 어렵습니다. 인간은 지인과 대화를 나눌 때 과거 나눴던 대화나 정보를 토대로 새로운 대화를 이어가는데, 지금까지 나온 대화형 챗봇은 이런 부분에서 약점을 보였던 것이죠. 접속할 때마다 기억력이 새롭게 리셋된다고나 할까요.

장기 기억력이 향상되면서 챗봇과의 대화는 더 자연스러워졌습니다. 이전 대화에서 이야기한 주제를 불러올 수 있게 된 것이죠. 기계와 대화하는 느낌이 아닌 사람과 대화하는 느낌을 받게 됩니다.

블렌더봇의 특징 중 하나는 최신 업데이트된 정보를 활용할 줄 안다는 점입니다. 현재 대부분의 AI 챗봇은 최신 정보에 약점을 보입니다. 과거 데이터로 학습했기 때문이죠. 챗GPT도 마찬가지입니다. 2021년까지의 대화 데이터를 토대로 학습하면서 그 이후 정보에 대해서는 '깜깜이'입니다.

블렌더봇 2.0은 대화 중 인터넷에 접근해 검색하는 과정을 거칩니다. 새로운 정보가 업데이트되는 것이죠. 덕분에 정확하지 않은 지식을 의심 없이 이야기하는 비율이 9.1%(블렌더봇 1.0)에서 3.0%(블렌더봇 2.0)로 줄었습니다. 2022년 8월 공개된 블렌더봇 3.0은 인터넷을 검색하고 거의 모든 주제에 대해 채팅할 수 있습니다. 자연스러운 대화와 피드백을 통해 사람들과 실제로 '친해진다'고 할 수 있는 것이죠. 과거 경험을 공유하는 사이가 친한 사이라고 한다면, 챗봇과 인간의 관계는 앞으로 더

■ 블렌더봇과 채팅하기 위해 접속했을 때 뜨는 화면

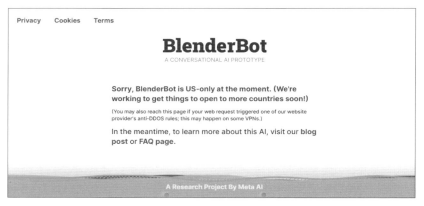

가까워질 수 있습니다.

페이스북 측도 블렌더봇의 발전이 '디지털 친구'로 나아가는 발판이 될 것으로 자신하고 있습니다. 과거에 챗봇은 단지 챗봇에 지나지 않았지만, 장기 기억력이 좋고 최신 정보를 바로 습득하는 블렌더봇은 맞춤형 디지털 친구가 될 수 있다는 것이죠. 영화 〈그녀(Her)〉의 사만다처럼 말입니다.

2023년 3월 현재 블렌더봇은 아직 한국에서 서비스되고 있지 않습니다. 한국어 서비스를 준비 중인데, 심심이가 그 준비를 돕고 있습니다. 1억 5,000만 개가 넘는 대화 데이터를 보유하고 있어서 블렌더봇이 한국어 대화를 학습하기에 안성맞춤입니다.

챗GPT, 넌 어떻게 생각해?

"미래에는 진짜 친구 같은
챗봇이 나올까?"

>> 현재까지는 인공지능 챗봇이 인간과 동등하거나 그 이상의 수준으로 인간의 특성과 성격을 모방하거나 대화를 주도할 수 있는 정도로 발전하지 않았습니다. 따라서 진정한 친구처럼 대화를 나눌 수 있는 챗봇이 나오는 것은 아직 어려운 문제입니다.

그러나 인공지능 기술의 발전 속도가 빠르게 진행되고 있기 때문에, 앞으로 인간과 대화하는 것처럼 자연스럽고 효과적인 대화를 구현하는 챗봇이 나올 가능성은 있습니다. 이를 위해서는 인공지능 기술뿐 아니라, 인간의 감정, 사고 과정, 행동 패턴 등을 잘 이해하고 모델링할 수 있는 인지과학, 심리학 등의 학문과 연구가 더욱 발전되어야 할 것입니다. 또한 이러한 기술이 인간의 삶에 긍정적인 영향을 미치는 방향으로 발전될 수 있도록 주의 깊은 노력이 필요할 것입니다.

AI스피커는 지금보다 더 똑똑해질까요?

> 어느새 AI스피커를 우리 집 안에서 흔히 볼 수 있게 되었어요.
> 챗GPT와 같은 언어 모델까지 장착된다면 진짜 AI 친구가 될 수 있어요.

AI스피커는 흔히 스마트 스피커로 불립니다. 음성인식 기능을 기본으로 갖추고 사용자들의 음성 명령어를 알아듣습니다. 시리나 구글 어시스턴트 같은 가상비서가 스피커에 내장되어 있습니다.

AI스피커는 가상비서에 특화된 기기라고 볼 수 있습니다. 따라서 날씨나 그날의 뉴스 등 간단한 정보를 듣거나, 전화를 걸고, 문자 메시지를 보낼 수 있습니다. 매끄럽지는 않지만 간단한 대화도 가능합니다. 실내조명을 끄거나 가전제품을 제어할 수도 있습니다. "오케이 구글, 넷플릭스 틀어줘"와 같은 식입니다.

앞의 '오케이 구글'이라는 말은 대기 중인 AI스피커를 깨우는 호출 부호입니다. 실내 사람들의 대화를 탐지하고 있다가 특정 호출 부호에 반응하면서 사용자의 추가 명령을 기다리는 것이죠. 국내에 많이 보급된 AI스피커 카카오미니의 호출 부호는 '헤이 카카오'입니다. '아리아'라는 호출 부호도 꽤 흔하게 쓰이는데 SK텔레콤이 공급한 AI스피커의 호출 부호입니다. 사용자들은 이들 호출 부호를 그대로 써도 되고, 원하는 것으로 설정할 수도 있습니다.

AI스피커의 시작은
알렉사

아마존은 2014년 최초의 상용 AI스피커 '에코'를 출시했습니다. 호출 부호는 '하이 알렉사'였습니다. 알렉사는 아마존의 클라우드 서비스 '아마존웹서비스(AWS)'에서 구동됩니다. 애플 시리처럼 가상비서 역할을 하면서 사용자의 질문에 대답해 화제를 모았습니다.

초기에 미국에서 소개되었을 때 에코는 신기한 존재였습니다. 아마존 웹 사이트에 접속하지 않고도 필요한 상품을 주문할 수 있었고, 언제든 묻는 말에 대답을 해줬기 때문입니다. 에코는 아마존에도 신성장 기대 주었습니다. 사람들이 간편하게 주문할 수 있으면 아마존의 매출이 올라갈 것이라고 여겼습니다.

또한 에코는 아마존의 '하드웨어 콤플렉스'를 덜어줬습니다. 인터넷 서점으로 시작한 아마존은 웹 사이트 서비스라는 한계를 극복하기 위해 스마트폰(파이어폰), 전자책(킨들) 등의 사업을 시작했지만 성과는 영 신통치 않았습니다. 스마트폰 사업은 접었고, 킨들은 전자책용 태블릿 PC 시장이 위축되면서 고전을 면치 못하고 있던 와중에 에코의 히트는 아마존 하드웨어 사업에 큰 힘이 되었습니다.

에코는 여러 에피소드를 낳기도 했습니다. 여섯 살 꼬마가 아빠 모르게 쿠키를 주문했다거나 가정폭력 상황에서 알렉사가 911에 신고를 했다는 등입니다. 음성인식 기기가 우리 일상에 들어오면서 생겨난 이슈입니다. 더불어 사생활 침해에 대한 우려도 커졌습니다. AI스피커가 우리의 일상 이야기를 듣고 있을 것이라는 거부감 등입니다.

이런 걱정도 있었지만, IT기업들은 서둘러 AI스피커를 출시합니다. 2016년이 되면서 구글은 물론 네이버와 카카오, SK텔레콤과 KT 등에서 줄줄이 AI스피커를 출시했습니다. 2016년은 AI스피커의 전성시대였다고 해도 과언이 아니었습니다. AI스피커에 넣을 콘텐츠와 사물인터넷 기기 시장도 큰 기대를 받았습니다.

아직은 쓸모가 많지 않은 AI스피커

아마존 에코 출시 이후 8년이 지난 2022년은 어땠을까요? AI스피커가 가상비서로서 생활 필수품이 될 줄 알았지만 현실은 달랐습니다. 아마존은 알렉사 사업부에서만 100억 달러의 손실을 본 것으로 알려졌습니다. 아마존 실적에 매우 큰 부담을 줄 정도였고, 2022년 말 수천 명의 직원을 정리해고하기도 했습니다. 구글 또한 구글 어시스턴트 개발 규모를 축소하고 있습니다. 가장 큰 이유는 기대만큼 돈이 벌리지 않았기 때문입니다.

그 밖에 이유가 여럿 있는데, 우선은 사용자들이 AI 스피커를 날씨 확인, 라디오 듣기 정도로만 사용한다는 점입니다. AI 스피커로 쇼핑을 한다거나, 유료 콘텐츠를 사는 일은 많지 않았습니다.

음성만으로 사용하기 불편한 점도 있었습니다. 화면이 보이지 않는 상태에서 사고 싶은 상품의 모양, 개수, 색깔 등을 결정하기 쉽지 않았죠. 디스플레이가 달린 제품이 있긴 했지만, 가격이 비싸져 소비자들이 선택하기 쉽지 않았습니다.

비록 기대만큼 쓸모를 증명하고 있지 못한 AI 스피커라고 하지만 여전히 성장 가능성은 남아 있습니다. 집 안 사물인터넷과 연결해 조명과 냉난방, 가전제품을 제어할 수 있고, 알람이나 타이머 설정, 일정 관리 등 가상비서 역할을 할 수 있습니다. 지금보다 네트워크가 더 고도화되면 더 많은 쓸모를 찾게 될 수도 있습니다.

챗GPT, 넌 어떻게 생각해?

"AI 스피커가 우리 집의
인공지능 친구가 될 수 있을까?"

>> 스마트 스피커는 인공지능 친구로 사용될 수 있습니다. 스마트 스피커는 음성인식 기술과 인공지능 기술을 활용해 다양한 기능을 수행할 수 있으며, 사용자와 대화를 하면서 일상생활에 필요한 정보를 제공하고, 가전제품을 제어하는 등의 역할을 수행할 수 있습니다.

또한 사용자의 음성 데이터를 분석해 사용자의 취향과 습관을 파악하고, 그에 맞추어 맞춤형 추천을 제공하거나, 음악, 라디오, 팟캐스트 등 다양한 콘텐츠를 추천하는 등의 기능을 제공할 수 있습니다. 이를 통해 스마트 스피커는 사용자에게 개인적이고 맞춤형인 서비스를 제공할 수 있습니다.

스마트 스피커가 인공지능 친구로 사용될 수 있으려면, 사용자들이 스마트 스피커와의 대화를 적극적으로 활용해야 하며 그 기능을 확장하고 개선할 수 있는 다양한 애플리케이션 및 서비스를 사용해야 합니다. 또한 개인정보 보호에 대한 문제도 중요한 이슈 중 하나이므로, 스마트 스피커의 개인정보 수집 및 보호 정책을 사용자가 충분히 인식하고 관리할 수 있어야 합니다.

인공지능 연구는 초기 과학자들의 기대와 달리 순탄하게 이뤄

지지 않았습니다. 시행착오를 수도 없이 겪었고, 연구 지원이

끊기는 어려운 상황에 부닥치기도 했습니다. 과학자들은 이를

극복하면서 새로운 발전을 끌어냈습니다. 그즈음 컴퓨터 공학

과 소프트웨어 산업의 발전은 AI 개발에 새 전기를 마련해줍니

다. 챗GPT와 같은 고성능 AI가 나올 수 있게 된 것이죠.

여기에 '나의 지식을 공유한다'는 오픈소스 문화가 1990년대

이후 확산되면서 AI 개발 속도는 더 빨라집니다. 소수 과학자

와 공학자들의 전유물이었던 AI 연구·개발이 이제는 세계 개발

자들이 협업하는 '집단지성의 무대'가 된 것입니다.

3장

챗GPT의
발전 배경

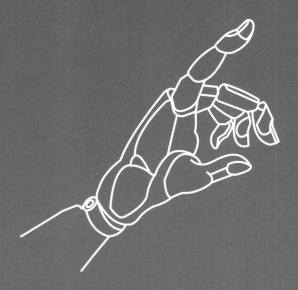

▼

인공지능에도
암흑기가 있었다고요?

초기 인공지능은 사람들에게 큰 기대감과 희망을 안겨줬어요.
하지만 기대가 큰 만큼 실망도 컸습니다.

초기 인공지능은 당시 사람들이 보기에 훌륭했습니다. 전에 보지 못한 신기한 기계(컴퓨터)의 산물이었기 때문입니다. 모든 규칙을 인간이 일일이 입력해야 했고 컴퓨터 성능도 낮은 수준이었지만, 처음 접해보는 인공지능에 과학자들은 매료되었습니다. 컴퓨터 하드웨어와 함께 소프트웨어 기술도 빠르게 발전하면서 인공지능에 대한 기대도 장밋빛으로 가득 찼습니다.

여기서 주목할 점이 있습니다. 인간의 욕망은 한계가 없다는 것입니다. 어느 정도 호기심을 채우면 신기함이 사라집니다. 만족감도 떨어집니다. 더 큰 자극을 원하는 것이죠. 한계 효용의 법칙이 컴퓨터 기술과 인공지능에까지 적용되는 것입니다. 컴퓨터가 세상을 바꿀 것이라고 너무 큰 기대를 했을까요? 규칙 기반으로 만든 초기 AI는 곧 한계에 부딪힙니다.

컴퓨터가 고안되어 발전하던 1950~1960년대는 '인공지능의 첫 번째 황금기'라고 이야기할 수 있습니다. 이때 만들어진 프로그램은 대수학 문제를 풀었고, 기하학 정리를 증명했습니다. 인간의 말을 알아듣는 자연어 처리 기술 연구도 시작되었습니다. 당시 기준 20년 안에 인간을 닮은 '완전한 지능의 기계'가 탄생할 것이라는 예상마저 나왔습니다. 미국과 영국 등 당시 컴퓨터 선진국들도 정부 차원에서 인공지능 연구에 투자합니다.

그 시기는 기술에 대한 믿음이 컸던 때이기도 합니다. 제2차 세계대전 와중에 개발된 로켓 기술이 고도화되어 달에 사람을 보낼 수 있었고, 인공으로 만든 위성도 우주 공간에 올려보낼 수 있었습니다. 인류사에 없던 기술적 기적을 이뤄내면서 '사람을 닮은 기계 지능물'의 출현도 낙관했습니다. 다음은 당시 공학자들이 생각했던 인공지능에 대한 기대입니다.

■ 당시 공학자들이 낙관했던 AI의 미래

1965년, H.A 사이먼	"20년 이내에 기계가 사람이 할 수 있는 모든 일을 할 것이다."
1967년, 마빈 민스키	"이번 세기에 AI를 만드는 문제는 해결될 것이다."
1970년, 마빈 민스키	"3~8년 안에 우리는 평균 정도의 인간 지능을 가진 기계를 갖게 될 것이다."

인공지능에 다가온
첫 번째 암흑기

기대가 크면 실망도 큰 법, 1970년대에 들어서도 인공지능은 제자리걸음을 걸었습니다. 세상을 바꿀 만한 인공지능도 나오지 않았습니다. 정부와 기업이 컴퓨터를 중하게 쓰기 시작했지만, 인간을 닮은 인공지능과는 거리가 멀었습니다. 컴퓨터 하드웨어 기술과 소프트웨어 기술이 설익은 탓이 컸지만, 규칙 기반 AI 개발이 한계에 부딪힌 이유도 컸습니다. 인간이 생각할 수 있는 거의 모든 경우의 수를 규칙으로 만들어 인공지능에 입력하기란 불가능에 가까웠습니다.

정부 차원에서 진행되던 인공지능 연구에 대한 지원도 끊깁니다. 대표적인 게 번역 연구였습니다. 소련과 우주 경쟁을 벌이고 있던 미국은 러시아 측 논문을 빠르게 읽고 활용하기 위해 자동번역 연구를 지원했습니다.[24] 사전에 기록된 대로 러시아 단어를 영어로 바꿔주기만 하면 될 줄 알았는데, 번역 작업이 생각처럼 단순하지 않다는 것을 깨달은 것이죠. 올바른 번역을 하려면 논문 주제를 먼저 이해해야 하는데, 당시 AI 기술로는 불가능한 일이었습니다.

1966년, 이 프로젝트는 결국 취소되었습니다. 이때 나온 자문위원회 보고서를 보면 당시의 절망감을 읽을 수 있습니다. "일반적인 과학 논문의 기계 번역은 불가능했으며, 조만간 가능하리라는 전망도 없다."[25]

1971년, 영국 정부도 인공지능에 대한 지원을 중단합니다. 제임스 라이트힐(James Lighthill)은 자신이 작성한 〈영국 인공지능 연구 현황〉 보고서에서 AI 기술의 한계를 지적했습니다. 그는 AI를 위한 별도의 과학 분야는 필요 없다고까지 주장했습니다.

제임스 라이트힐은 '폭발적 조합의 증가'를 예로 들며 당시 인공지능 연구가 불필요하다는 점을 부연했습니다. 폭발적 조합의 증가는, 단순한 규칙이라고 해도 지나치게 많아지면 알고리즘이 받는 부담이 커진다는 것을 의미합니다. 당시 컴퓨터가 갖는 성능의 한계라고도 볼 수 있습니다.

또 한 가지, 당시 공학자들은 세부적인 규칙을 모아가다 보면 거대한 결과물이 만들어져 범용적으로 쓰일 것이라고 생각했지만 그것이 가능하지도 않고 쓸 수도 없다는 사실을 깨닫습니다. 예컨대 수만 가지 비행기 부품을 모아서 조립하는 일(규칙 입력)과 비행기를 실제로 띄우는 일은 전혀 다른 분야였으니까요. 결국 AI 연구는 암흑기에 들어서게 됩니다.

다시금 온 인공지능의
황금기와 암흑기

AI 연구는 1980년대 들어 다시금 활발해집니다. 그즈음 개인용 컴퓨터가 쓰이기 시작하면서 컴퓨터 활용에 대한 기대가 커진 것과도 맞닿아 있습니다. 컴퓨터 성능도 1960년대와는 비교할 수 없을 만큼 좋아집니

■ 인공지능의 황금기와 암흑기

태동기	1943~1956년	인공적인 두뇌 가능성 논의. 1956년 다트머스 회의에서 학문으로 인정.
첫 번째 황금기	1956~1974년	컴퓨터에 대한 낙관론 확산. 인간의 뇌신경을 묘사한 '퍼셉트론' 제시.
첫 번째 암흑기	1974~1980년	인공지능 연구 성과 미진 → 투자 지원 축소. 규칙 기반 모델이 한계에 봉착.
두 번째 황금기	1980~1987년	컴퓨팅 기술의 고도화. 전문가 시스템의 활용 본격화.
두 번째 암흑기	1987~1993년	전문가 시스템이 한계에 봉착. 인공신경망 연구도 따라서 정체.
안정기	1993~2011년	검색엔진의 고도화. 빅데이터 분석 기술 향상. 빅데이터 분석 통한 기계학습 진화.
부흥기	2011~현재	딥러닝을 통한 인공신경망 기술 고도화. 알파고, 챗GPT의 등장으로 인공지능 관심 증대.

출처: 6u2ni.tistory.com/39

다. 지금 우리가 쓰는 PC나 스마트폰과 비교하면 여전히 부족한 성능이었지만, 당시로서는 인공지능과 관련된 여러 시도를 할 수 있었습니다.

챗봇도 그전과는 다른 길을 갑니다. 질문자의 질문을 반복해서 되묻는 게 아니라 직접 답을 찾아주기 시작한 것이죠. 데이터를 저장할 수 있는 기술이 발전하면서 '지식 기반 모델'이 쓰이게 됩니다. 우리가 흔히 이야기하는 데이터베이스의 활용성이 커진 것입니다.

소프트웨어 기술도 발달합니다. 지식이 쌓여 있는 데이터 영역과 실제 데이터를 처리하고 출력하는 인터페이스 엔진으로 나눠진 것이죠. 규칙 기반 모델은 수정 사항이 있을 때마다 프로그램을 일일이 수정해야 했다면, 지식 기반 모델은 데이터 영역만 변경해주면 됩니다.

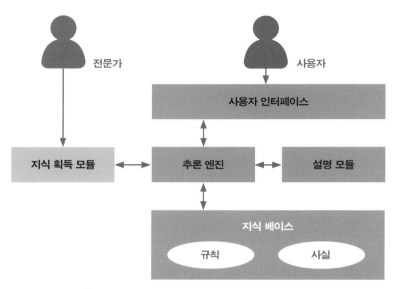

■ 전문가 시스템의 구조

전문가

사용자

사용자 인터페이스

지식 획득 모듈 ◀▶ 추론 엔진 ◀▶ 설명 모듈

지식 베이스

규칙

사실

출처: 서지영, 『난생처음 인공지능 입문』, 한빛아카데미, 2021, p.67, '전문가 시스템 구조(그림 2-12)'

지식 기반 모델을 통해 일반인들도 궁금한 것을 묻고 답을 얻을 수 있게 됩니다. 1980~1987년에 이르는 이 기간을 '인공지능의 두 번째 황금기'라고 합니다.

하지만 이 전문가 시스템도 곧 한계에 부딪힙니다. 단순히 지식을 전달해주는 역할에 머물렀기 때문입니다. 게다가 전문가의 경험과 지식을 자료화한 후 기계에 적용한다는 점도 여전히 힘든 영역이었습니다. 매우 번거롭고 골치 아픈 절차였습니다. 일부 시스템은 편향된 지식으로 논란이 일기도 했습니다. 1987년 이후 인터넷 시대가 도래하는 1990년대 중반까지 잠시 인공지능 연구는 또다시 암흑기를 겪게 됩니다.

챗GPT, 넌 어떻게 생각해?

"인공지능 암흑기에서
얻을 수 있는 교훈은 무엇일까?"

>> 인공지능 암흑기는 인공지능 기술이 발전하면서도 예측하지 못한 문제들이 발생한 시기를 가리킵니다. 인간의 윤리와 안전 등과 관련된 문제일 수도 있고, 인공지능 기술 자체의 한계에 대한 문제일 수도 있습니다. 인공지능 암흑기에서 우리가 얻을 수 있는 교훈은 다음과 같습니다.

1. 인공지능 기술의 한계에 대한 인식: 인공지능 기술이 빠르게 발전하고 있지만, 아직 완전한 지능을 가지지 못했으며 예측하지 못한 문제가 발생할 수 있다는 점을 인식해야 합니다.
2. 윤리적인 문제에 대한 고민: 인공지능 기술은 인간의 미래와 안전에도 영향을 미칠 수 있기 때문에, 윤리적인 문제에 대한 고민과 대처 방안을 마련해야 합니다.
3. 협력적인 다자간 접근의 필요성: 인공지능 기술은 다양한 분야에서 활용되고 있기 때문에, 다양한 이해 관계자들과의 협력적인 다자간 접근이 필요합니다. 이를 통해 다양한 관점과 지식을 공유하고 보다 안정적이고 효과적인 인공지능 기술 개발을 이룰 수 있습니다.

4. 인간 중심적인 기술 개발의 필요성: 인공지능 기술은 최종적으로 인간의 삶을 개선하고 보호하는 데 사용되어야 합니다. 따라서 인간 중심적인 기술의 개발과 연구가 필요합니다.

기계가 학습한다는 것은
무슨 뜻이죠?

> 이 세상의 모든 '경우의 수'를 규칙으로 만들 수 없다는 것을 깨달았어요.
> 그렇다면 대안은 무엇일까요?

인간이 일일이 규칙을 컴퓨터에 입력해 만드는 인공지능의 한계는 명확했습니다. 전문가 시스템과 같은 지식 기반 인공지능이 1980년대 들어 쓰이긴 했지만, 여전히 많은 문제점이 있었습니다. 인간이 이 세상의 모든 지식을 입력할 수도 없었고, 당시 하드웨어와 소프트웨어 기술로도 불가능했습니다. 새로운 대안이 필요했는데, 이 중 하나가 기계학습(머신러닝)입니다.

기계학습은 사람이 규칙을 알려주는 게 아니라, 컴퓨터가 다량의 데이터를 보고 공통점(패턴)을 학습하는 것을 의미합니다. 기계학습의 방법 중 하나가 잘 알려진 '인공신경망'입니다. 인공신경망은 인간의 뇌가 사물을 인지하고 판별하는 방식을 그대로 따라 한 기계학습의 방법입니다.

　다만 기계학습에는 한계가 있었습니다. 1980~1990년대는 컴퓨터를 학습시킬 수 있는 데이터를 확보하기가 쉽지 않았습니다. 컴퓨터 성능도 부족했습니다. 수많은 데이터를 모으고 이를 분석해 처리할 만한 상황이 되지 않았습니다.

　이후 상황이 바뀝니다. 바로 1990년대 들어 인터넷 시대가 열린 것이죠. 수많은 사람들이 각자의 사진과 글을 웹 사이트에 올립니다. 이에 인공지능 연구자들과 기업들은 예전보다 손쉽게 인공지능을 학습시킬 데이터를 얻게 됩니다.

기계학습은
패턴학습

기계학습은 1950년대 고안된 인공지능의 한 분야입니다. 비슷한 데이터를 다량으로 확보하고 이를 학습해 공통점을 뽑아내는 방식으로 규칙을 만들죠. 예컨대 고양이 사진을 인공지능이 인식한다고 가정해봅시다. 규칙 기반 방식에서는 프로그래머가 고양이의 특징을 컴퓨터에 입력해야 합니다. 털이 많고, 수염이 있고, 귀는 뾰족하다 등의 규칙을 일일이 넣어줘야 합니다.

　그런데 기계학습이라면 좀 간편하게 할 수 있습니다. 고양이 사진 수

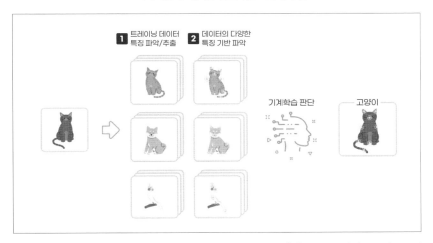

출처: live.lge.co.kr/live_with_ai_01/

백 장을 입력해 AI가 직접 학습할 수 있게 하는 것입니다. 이후 판별할 사진을 보고 예전에 학습했던 패턴과 비교합니다. 고양이일 확률을 계산하고 높은 수준이 되면 "고양이다"라고 합니다.

가장 초기적인 기계학습의 결과물은 1959년에 나왔습니다. IBM[26]에서 일하던 수학자 아서 사무엘(Arthur L. Samuel)이 체스 게임 프로그램을 개발한 것입니다. 기계학습을 이용해 컴퓨터를 학습시키는 형태였습니다. 이 프로그램은 체스대회에 나가 여러 선수를 이겼습니다. 오늘날 기계학습 분야에서 첫 번째 성공적인 예시로 손꼽힙니다.

1960년대 들어서는 음성인식, 이미지 인식 등을 위한 알고리즘에 기계학습 방식이 활용되었습니다. AT&T[27]에서는 전화 통화 내용을 자동으로 텍스트로 변환하는 알고리즘을 개발하기도 했습니다. 오늘날도 음성이나 이미지 인식은 기계학습 방식을 씁니다.

이런 방식은 컴퓨팅 자원을 많이 사용해야 합니다. 사진 자체가 텍스트보다 용량이 크고, 연산도 많이 해야 합니다. 1960~1970년대 메모리 용량이나 전산 처리 속도 등에 한계가 있어 크게 발전하지 못했습니다. 당연히 적은 메모리로도 구동이 가능한 규칙 기반 방식이 더 많이 활용될 수밖에 없었습니다. 이런 맥락에서 기계학습은 컴퓨터의 시작과 함께 고안되었지만 크게 빛을 보지 못했습니다.

3가지로 분류되는
기계학습

기계학습은 지도학습과 비지도학습, 강화학습으로 구분됩니다.

지도학습은 입력 데이터와 출력 데이터를 함께 제공합니다. 입력과 출력 사이의 관계를 학습하는 방법입니다. 고양이 사진을 입력하고 결과물로 '고양이'를 내놓는 식이죠. 처음 보는 고양이도 고양이로 인식할 수 있게 합니다.

이 방법은 미래를 전망할 때도 쓰입니다. 예를 들어 기업의 재무 정보에 따라 주식 가격이 어떻게 변화하는지 학습하고, 그 기업의 미래 주가 정보를 예상하는 것입니다.

비지도학습은 출력 데이터 없이 입력된 데이터만으로 데이터 간 분류와 구조를 파악하는 방법입니다. 예를 들어 심심이의 대화 데이터 중

욕설과 일반적인 말을 구분하면서 학습하는 것이죠.

강화학습은 주어진 환경에서 인공지능이 최적의 행동을 하는 것을 학습하는 방법입니다. 확률적으로 가장 높은 보상을 받을 수 있는 행위를 하거나 결과치를 냅니다. 예컨대 바둑판 위에서 알파고가 수를 놓는 방식이 되겠네요. 과거 학습한 데이터를 바탕으로 최선의 수를 두는 것입니다.

기계학습은 최근 들어 인공신경망이나 딥러닝 등과 혼용해 쓰이고 있습니다. 인공신경망 방식은 기계학습의 한 방식이 되는 것입니다. 딥러닝은 인공신경망의 또 다른 세부 분야가 됩니다. 딥러닝 위에 인공신경망, 인공신경망 위에 기계학습이 있는 것이죠.

인공신경망 방식 외 기계학습 알고리즘으로 '의사결정 나무(decision tree)' '랜덤 포레스트(random forest)' '서포트 백터 머신(support vector machine)' '나이브 베이즈(Naive Bayes)' 등의 방식이 있습니다. 이들 방식 모두 인공신경망 방식이 기계학습의 주된 용도로 쓰이기 전부터 활용되고 있습니다. 인공신경망에도 응용되어 있습니다.

컴퓨터의 발달로 빛을 본
기계학습

기계학습 방식이 왜 2000년대 들어 빛을 보게 되었을까요? 컴퓨터의 성능과 데이터 확보 환경이 1990년대 들어 확 달라졌기 때문입니다.

1990년대가 되자 인터넷이 발달하면서 사람들이 스스로 웹에 사진과 영상, 글 등을 올리기 시작했습니다. 이미지를 학습하는 인공지능이라면 더 고도화될 수 있게 된 것이죠. 데이터 구하기가 예전에 비해 정말 쉬워졌습니다.

   컴퓨터 성능의 발달과 데이터 저장 용량의 거대화는 기계학습을 할 수 있는 여건을 마련해줍니다. 이론적으로 존재했던 기계학습과 인공신경망 방식이 빛을 볼 수 있는 시기가 온 것입니다.

AI 발전을 이끈
3가지 반도체가 뭔가요?

> 데이터가 아무리 많아도 컴퓨터가 뒷받침되지 않으면 헛일입니다.
> 때마침 엄청나게 발전한 반도체 기술 덕에 컴퓨터의 역량도 크게 늘었습니다.

기계학습이 인공지능 개발에 주된 방식으로 사용되게 된 계기는 컴퓨터 성능의 개선과 맞닿아 있습니다. 컴퓨터 안에 내장되는 반도체 칩 기술이 고도화되면서 예전보다 더 많은 수준의 데이터를 처리하고 연산할 수 있게 된 것이죠.

컴퓨터중앙처리장치로 번역되는 CPU의 발달, 데이터를 저장하는 메모리 반도체의 혁신, 병렬 연산에 특화된 그래픽 처리 장치(GPU)의 등장이 대표적인 예입니다.

CPU는 '무어의 법칙', 메모리는 '황(Hwang)의 법칙', GPU는 또 다른 '황(Huang)의 법칙'이 적용됩니다. 각 기업의 CEO들이 경험적으로 내놓은 이론이지만, 컴퓨터 하드웨어 성능이 경쟁적으로 개선되던 때 시장에서 통용되던 대표적인 법칙입니다.

CPU 성능을 이끈
'무어의 법칙'

'무어의 법칙'은 반도체 칩에 집적할 수 있는 트랜지스터 숫자가 18개월에서 24개월마다 2배씩 증가한다는 법칙입니다. CPU 명가 인텔의 창업자 고든 무어(Gordon Moore)가 1965년에 제안했는데, 객관적인 사실 근거 없이 경험칙에 의존했다는 비판을 받기도 합니다.

사실 반도체 기술의 발전은 시장 상황과 같은 비과학적 변수에 더 영

■인텔이 공개한 '무어의 법칙' 그래프

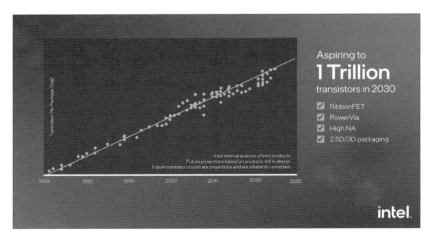

향을 받을 수밖에 없습니다. 또한 집적회로에 많은 수의 트랜지스터를 넣으면 발열 문제가 심각해질 수밖에 없습니다. 트랜지스터 밀도를 높이는 게 공간적으로도 한계에 부딪히면서 이 법칙은 잘 맞지 않게 되었습니다.

무어의 법칙은 깨질 수밖에 없다는 한계점이 있었지만, 이는 곧 컴퓨터 기술이 그만큼 빠르게 발달했다는 의미가 됩니다. 계산 속도만큼은 엄청나게 빨라졌기 때문입니다. 지금 우리가 쓰는 스마트폰만 봐도 10여 년 전에 썼던 PC보다 훨씬 좋은 성능을 갖고 있습니다.

AI 발전을 이끈 '황의 법칙'

연산속도가 빨라지면 그에 따라 처리하는 데이터의 수가 늘어납니다. 연산 전까지 데이터를 저장해놓아야 합니다. 연산속도가 빨라질수록 메모리 용량도 늘어나게 됩니다. 황창규 전 삼성전자 메모리 부문 사장이 주창했던 '황의 법칙'은 이런 부분에서 부합되었습니다.

황 전 사장은 2002년 국제 반도체 회로 학술회의에서 메모리 용량이 1년마다 2배씩 증가한다고 밝혔습니다. 무어의 법칙과 마찬가지로 이런 법칙들은 어떤 과학적인 이유에 의해 존재하는 법칙이라기보다는 산업적 목표에 가깝다고 볼 수 있습니다. 당시 삼성전자의 목표치였을 수도 있습니다. 실제 삼성전자는 1999년 256MB 낸드 플래시메모리 발표 이후 매년 2배의 용량을 갖는 메모리를 개발했습니다. 이후 2008년 128GB 메모리를 발표하지 않으면서 이 법칙은 깨졌습니다.

2010년 이후 컴퓨터 기술의 발전을 상징적으로 보여준 것이 또 다른 '황의 법칙'입니다. 잰슨 황(Jensen Huang) 엔디비아 창업자는 인공지능을 구동하는 반도체의 연산 능력이 매년 2배 이상 증가한다고 봤습니다. 실제로 엔비디아 칩 성능은 2012년 이후 8년간 317배 증가해 매년 2배 이상 증가했습니다. 이 법칙도 이미 깨져버린 무어의 법칙과 마찬가지로 트랜지스터 밀도를 높여야만 지속될 수 있기에 언젠가는 깨질 수밖에 없다는 의견도 있습니다.

챗봇의 성능 향상에는
컴퓨팅 파워가 필수입니다

챗GPT 등 대화를 생성하는 챗봇은 자연어 이해, 자연어 생성, 대화 관리 등의 고급 기능을 갖췄습니다. 이런 발전은 컴퓨터 성능의 발전과 밀접한 관련이 있습니다. 자연어 처리 기술은 매우 복잡하고 처리해야 할 데이터양이 매우 복잡합니다. 따라서 챗봇의 성능을 향상하기 위해서는 대용량 데이터를 처리하고 복잡한 모델을 구축하는 데 필요한 컴퓨팅 파워가 필수적입니다.

최근에는 대규모 병렬 컴퓨팅을 위한 GPU를 이용한 챗봇 연구가 활발하게 이뤄지고 있습니다. 클라우드 컴퓨팅 서비스를 이용해 대용량 데이터를 처리하는 일과 고성능 리소스를 저비용으로 활용하는 일이 가능해졌기 때문에, 챗봇 개발 및 성능 향상에 관한 연구와 개발이 이뤄지고 있습니다.

실제 챗GPT도 이 같은 과정을 통해 이뤄지고 있습니다. 자연어 처리와 대화 등을 위해 구동되는 프로그램 GPT-3는 NVIDA V100 GPU를 사용하고 있습니다. 이 모델은 공개될 당시 45TB의 텍스트 데이터를 사용해 학습했습니다. 챗GPT도 GPT-3와 마찬가지로 대규모 데이터를 학습하면서 언어의 유사성을 찾아갔습니다.

GPT-3 모델은 학습에 NVIDIA V100 GPU를 사용해 약 355 petaFLOPS(페타플롭스)의 연산 능력을 발휘합니다. 이는 대략 35만 5,000대의 일반적인 데스크톱 컴퓨터 성능과 같다고 볼 수 있습니다.

AI 시대,
왜 CPU가 아닌 GPU죠?

> 인공지능을 학습시키는 과정은 수많은 데이터를 비교하면서 패턴을 찾아가는 과정이에요.
> 단순 반복 작업을 수도 없이 해야 하는데, 거기에 GPU가 안성맞춤이었습니다.

GPU는 Graphics Processing Unit(그래픽 처리 장치)의 약어로 컴퓨터에서 이미지나 동영상, 3D 그래픽을 생성하고 처리하는 데 사용됩니다. CPU와 달리 GPU는 수천 개의 작은 코어(일하는 단위)를 가지고 있습니다. 이들을 동시에 병렬로 운영할 수 있습니다.

GPU는 2010년대 전까지는 컴퓨터 부품의 하나 정도로 인식되었으며 '그래픽카드'라고도 불렸습니다. 게임이나 비디오 편집, 3D모델링 등, 그래픽 처리를 많이 해야 할 때 꼭 필요한 부품으로 여겨졌습니다. 그러나 요새처럼 주목받는 정도는 아니었습니다.

GPU가 빛을 보게 된 것은 대량 데이터의 처리 능력과, 동시에 여러 작업을 처리하는 병렬 연산 능력이 뛰어나다는 점이 드러나면서부터입니다. 기상 예측이나 유전자 분석, 빅데이터 분석 등 짧은 시간에 대량의 데이터를 분석해야 하는 작업에서 필수 도구가 된 것이죠.

GPU가 인기를 끌게 되면서 여러 회사가 GPU 제조에 적극 나서고 있습니다. 가장 큰 회사로 엔비디아(NVIDIA)가 있고, CPU 제조사로 유명했던 AMD나 인텔 등도 GPU를 생산하고 있습니다. 이들은 매년 더 빠른 GPU를 출시하고 있습니다. 덩달아 딥러닝 컴퓨팅 속도도 점점 빨라지고 있습니다.

다만 GPU는 전기 에너지를 많이 소비합니다. 전력 소비와 발열 문제를 일으킵니다. 비트코인을 채굴하는 데 쓰이는 대량의 GPU 시스템이 '기후변화의 공적'으로 지목된 것도 이 같은 맥락에서였습니다.

GPU 개발의
역사

GPU 개발 역사는 1970년대 말로 거슬러 올라갑니다. 이 시기에는 이미지 등 그래픽 처리를 CPU가 했습니다. CPU는 사용자가 요청하는 작업을 순차적으로 처리합니다. 컴퓨터 프로그램이 요구하는 각종 연산을 처리하면서 용량이 큰 그래픽 처리 일까지 하려다 보니 CPU에 과부하가 걸리는 일이 많았습니다.

1980년대 후반 들어 그래픽 처리는 더 필수적인 요소가 되었습니다.

비디오 게임 산업이 급성장하면서 CPU만으로는 사용자가 요구하는 컴퓨터 성능을 내기 힘들어진 것입니다. 이에 대한 대응책으로 그래픽카드를 위한 전용 그래픽 프로세서가 개발되었습니다. CPU에 부과되었던 그래픽 처리 부담을 그래픽카드가 덜어주면서 컴퓨터 성능은 더 개선되었습니다.

1990년대 중반 들어 엔비디아와 ATI 등의 회사들이 전용 그래픽카드를 개발해 출시합니다. 이들 회사는 매년 더 빠르고 강력한 GPU를 출시해 게임과 디지털 미디어 및 과학 기술 분야에서 컴퓨터 처리 속도를 높였습니다.

컴퓨터에서 보조 역할에 지나지 않았던 GPU는 2000년대 이후 과학 기술 분야에서 주목받기 시작했습니다. GPU가 수치 해석, 기계학습, 딥러닝 같은 분야에서 대량의 데이터를 한꺼번에 처리하는 데 효율적이라는 게 입증된 덕분입니다. 엔비디아와 AMD도 성능 좋은 GPU 개발에 박차를 가하게 됩니다.

CPU가 아니라
GPU인 이유

우리 신경계의 뉴런이 동시다발적으로 신호를 처리하는 것처럼 딥러닝은 각각의 신경망에서 병렬로 동시에 데이터를 처리합니다. GPU는 수천 개의 작은 코어를 갖고 있어 이런 병렬 처리를 수행하는 데 효율적

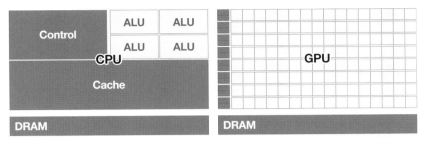

■ CPU와 GPU의 차이

출처: 리서치게이트

입니다. 각각의 코어가 가진 성능은 CPU보다 못하고 단순하지만, 한꺼번에 많은 데이터를 처리하는 능력은 뛰어난 것입니다. 딥러닝 모델을 훈련하는 데 매우 적합합니다.

반면 CPU는 종합적인 컴퓨터 작업에 유용합니다. 컴퓨터의 '뇌' 역할을 하는 것이죠. 따라서 대량의 데이터를 분석하면서 패턴을 찾는 단순 연산에 CPU를 사용하는 것은 효율적이지 못합니다. GPU를 대규모로 갖춰놓고 하는 게 속도나 효율성 면에서 더 좋습니다.

다만 CPU가 인공지능 발전에 있어 활용성이 낮은 것은 아닙니다. 단지 딥러닝 분야에서 GPU보다 효율적이지 못할 뿐, 다양한 종류의 작업을 처리할 수 있습니다. 수십 년간 발전해온 범용 프로세서라는 장점이 드러나는 것이죠.

그렇다면 이렇게 생각해볼 수도 있습니다. '한꺼번에 많은 CPU를 병렬로 놓고 딥러닝 연산을 시키면 되지 않을까?' 그러나 이 경우 CPU가 사용하는 전력량이 GPU 수준을 넘을뿐더러 발생하는 열 문제 또한 심각해질 수 있습니다. 냉각 시스템이 꼭 필요해지는 것이죠. CPU가 가진 고도의 연산 능력을 낭비하는 것일 수도 있고요.

정리하면, CPU는 복잡한 과제를 빠르고 순차적으로 처리해내며 컴퓨터의 실질적인 두뇌와 같습니다. 이와 다르게 GPU는 쉬운 작업을 대량으로 처리해냅니다.

챗GPT도
GPU 덕분

GPU의 발달은 챗봇에도 큰 영향을 미쳤습니다. 챗GPT의 언어 모델인 GPT가 대량의 데이터를 학습하고 문장을 익히는 데 도움을 준 것이죠. 학습 데이터가 늘어날수록 인공지능의 성능이 더 정교해진다는 점을 고려했을 때, 챗GPT의 탄생 배경 중 하나가 GPU가 됩니다.

2018년 6월 공개된 GPT-1이 학습한 대화 데이터의 양은 500MB입니다. 당시에는 이 정도 양을 학습했음에도 '사람과 흡사하게 대화한다'는 평가를 받았습니다. 2019년 2월에 공개된 GPT-2는 1.5GB의 대화 데이터를 학습했습니다. 2020년 6월 공개된 GPT-3는 약 700GB의 대화 데이터를 학습한 것으로 알려졌습니다.

▼

애써 만든 AI 소스를
공개하는 이유는 뭘까요?

애써 고생해서 얻은 지식을 남과 나누는 이유는 뭘까요?
그 과정에서 서로 배우고 더 큰 성장을 할 수 있기 때문이죠.

오픈소스는 이렇게 요약할 수 있습니다. '내가 개발한 소프트웨어의 설계도를 공개한다.' 이 설계도는 많은 사람들이 공유하고 수정합니다. 다수의 개발자가 참여해 소프트웨어를 발전시키는 것이죠. 기업도 오픈소스를 활용해 소프트웨어를 개발합니다. 미리 짜여진 설계도가 있는 덕분에 개발 기간을 단축할 수 있습니다.

오픈소스는 최근 인공지능 발달에 결정적인 기여를 했습니다. 국가기관이나 대학, 대기업의 전유물이었던 AI 연구를 누구나 할 수 있게 한 것입니다. AI를 개발하는 데 필요한 도구나 프레임워크(Framework)[28] 등이 공개되면서 전 세계 수많은 개발자가 참여할 수 있게 되었습니다.

20세기 인공지능은 천재적인 수학자와 공학자를 중심으로 발전했습니다. 이와 달리 21세기 인공지능은 평범한 다수의 개발자가 참여해 만든 집단지성의 산물이라고 할 수 있습니다.

챗GPT도
오픈소스의 산물

챗GPT를 만든 비영리 AI 연구기관 오픈AI도 대중적으로 공개된 오픈소스를 활용해 챗GPT와 GPT 엔진을 개량했습니다. GPT-1과 GPT-2는 페이스북이 공개한 오픈소스 '파이토치(PyTorch)'를 기반으로 개발했습니다. GPT-3는 구글이 공개한 AI 라이브러리 텐서플로(Tensorflow)와 파이토치를 함께 사용했습니다. 이들 프레임워크는 딥러닝 모델을 구현하고 학습하는 데 필요한 다양한 기능을 제공합니다. 이는 GPT 개발 시간을 단축하는 결정적 요인이 됩니다.

만약 페이스북과 구글이 자신들의 AI 소스코드 등을 공개하지 않았다면 오픈AI의 챗봇 개발은 몹시도 험난했을 것입니다. 제로(0)부터 시작해야 했을 것이고, 페이스북과 구글이 앞서 겪었던 시행착오를 피할 수 없었을 것입니다. 따라서 인공지능 소프트웨어 발달에서 '내가 만든 결과물을 공유한다'라는 오픈소스 문화는 빼놓을 수 없는 일등공신입니다.

AI 오픈소스,
텐서플로와 파이토치

인공지능을 위한 오픈소스는 여러 종류가 있습니다. 여기서 우리는 텐서플로와 파이토치를 우선적으로 기억하면 됩니다.

가장 많이 언급되고 사용되는 것은 구글이 공개한 텐서플로입니다. 텐서플로는 구글이 2011년 인공지능 개발을 위해 시작한 소스코드로, 2015년 오픈소스로 공개했습니다. 딥러닝을 위한 각종 코드가 들어 있는 라이브러리라고 할 수 있습니다.

딥러닝 초급자도 텐서플로에 있는 코드를 활용해 인공지능을 학습시킬 수 있습니다. 2016년 알파고 개발에 쓰이면서 전 세계적인 관심을

■ 텐서플로 홈페이지

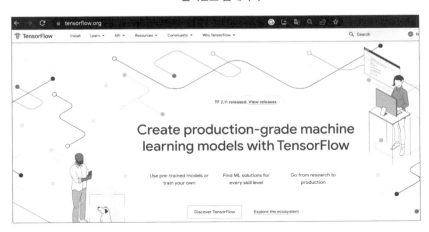

얻기도 했습니다.

공개된 텐서플로는 일반 버전과 GPU 가속 버전 등이 있습니다. 일반 버전은 어떤 컴퓨터에서도 실행할 수 있고, GPU 가속 버전은 엔비디아 GPU에서 사용할 수 있습니다. 이 버전은 엔비디아의 GPGPU[29] 언어 인 CUDA[30]를 사용합니다.

파이토치는 페이스북 인공지능 연구팀 주도로 만들어진 딥러닝 라이브러리입니다. 2016년 9월 처음 공개되었고, 최근 들어 개발자들이 사용하는 비중이 커지고 있습니다. 다만 이들 라이브러리는 사용하기 복잡하다는 단점이 있습니다.

특히 텐서플로는 '인공지능 개발 입문용으로는 어렵다'는 평가를 받습니다. 최근 버전으로 갈수록 쉬워지고 있다고는 하지만 '난이도의 벽'이 존재하는 것이죠.

그래서 인공신경망 알고리즘을 쉽게 구현할 수 있게 해주는 케라스 (Keras)[31]가 텐서플로 다음으로 많이 쓰입니다. 동일한 코드로 CPU와 GPU를 실행시킬 수 있습니다.

오픈소스는
일종의 문화

오픈소스는 기술이 아니라 문화라고 볼 수 있습니다. 익명의 누군가와 함께 만들어 나가기 위한 공통 분모로 존재하는 것이죠. 어렵게 개발한 소프트웨어나 발견한 성과를 다른 이들과 공유하면서 발전시켜 나가는 것입니다. '독점이 아니라 공유가 이 사회를 더 발전적으로 이끈다'는 믿음이 깔려 있습니다.

오픈소스의 원조는 유닉스(UNIX)[32]에서 찾아볼 수 있습니다. 유닉스는 1960년대 말 미국 통신기업 AT&T와 벨연구소에서 개발했고, 1970년대부터 대학에서 널리 사용되었습니다. 1984년 리처드 스톨먼(Richard Stallman)이 만든 자유소프트웨어재단(FSF, Free Software Foundation)은 유닉스 운영체제의 무료 버전을 만드는 프로젝트를 시작했습니다. 자유롭게 사용되고 수정되면서 재배포된다는 이미에서 'free'라는 단어를 사용했습니다.

이후 오픈소스 정신이 잘 구현된 것은 리눅스(Linux)입니다. 1991년 리누스 토발즈(Linus Torvalds)라는 핀란드 출신 개발자가 PC 운영체제(OS)[33]로 리눅스를 개발해 배포했는데, 상당 부분 유닉스에 기반해 만들어졌습니다.

토발즈는 자신이 만든 OS를 마이크소프트의 윈도우처럼 판매하기보다 무료로 배포하기로 결정합니다. 누구나 다운로드받을 수 있고, 누구나 수정해서 배포할 수 있게 한 것입니다. 마이크로소프트의 윈도우를 쓰기 싫어 하거나 시장 독점에 반대하는 이들이 리눅스를 자신의 OS로 쓰곤 합니다.

한편으로는 중앙독점적인 권위주의 체제를 거부하는 '히피문화'가 컴퓨터 업계에 나타난 것으로 리눅스를 해석할 수도 있습니다. 스티브 잡스 등 초기 개발자들이 히피문화에 심취해 있었음을 떠올리면 무리한 연결은 아닐 듯 싶습니다.

덕분에 리눅스는 윈도우의 대안으로 널리 쓰이고 있습니다. 누구나 자유롭게 말이죠. 보수적인 금융업권에서도 자사 앱을 개발할 때 리눅스를 쓰기도 합니다. 카카오뱅크 앱이 그 예입니다.

챗GPT, 넌 어떻게 생각해?

"오픈소스는 AI 개발에
어떤 영향을 줬을까?"

>>

1. 기술 발전: 오픈소스는 전 세계의 다양한 개발자들이 참여해 함께 기술을 발전시키는 데 큰 역할을 합니다. AI 분야에서도 개발자들이 쉽게 접근 가능하게 해 기술 발전을 도모했습니다.

2. 저작권: AI 기술은 대부분의 경우 저작권이 보호되어 있습니다. 하지만 오픈소스 라이선스를 사용하면 소스코드의 공유와 수정이 가능하기 때문에 저작권 문제가 해결되며 기술 발전에 기여할 수 있습니다.

3. 생산성: 오픈소스를 사용하면 이미 구현된 코드를 활용할 수 있어 생산성을 높일 수 있습니다. AI 개발에서도 오픈소스 라이브러리나 프레임워크를 사용해 개발 속도를 높이고 효율적으로 개발할 수 있습니다.

4. 커뮤니티: 오픈소스는 전 세계의 다양한 개발자들이 참여하는 커뮤니티를 형성합니다. AI 분야에서도 다양한 개발자들이 참여해 함께 기술을 발전시키고 서로 정보를 공유하며 성장할 수 있는 커뮤니티를 형성하고 있습니다.

이처럼 AI 개발에서 오픈소스는 기술 발전, 저작권, 생산성, 그리고 커뮤니
티 형성 등 다양한 영향을 미치고 있습니다. AI 개발자들은 오픈소스 기술
을 적극 활용해 효율적이고 높은 수준의 AI 기술을 개발할 수 있습니다.

구글은 무엇을 노리고
AI 노하우를 공개한 걸까요?

> 구글은 자신의 인공지능 노하우를 사방팔방 알리며 공개하고 있어요.
> 그 속에는 '노하우는 내주고 시장은 먹는다'라는 시장 전략이 담겨 있습니다.

구글은 세계 최고의 인공지능 기업이라고 평가할 수 있습니다. 기술, 인프라, 내부 직원들의 역량 등 어느 하나 빠지는 게 없죠. 오늘날 구글이 검색, 웹 브라우저, 모바일 운영체제, 동영상 플랫폼 등에서 압도적인 시장 점유율을 자랑할 수 있게 된 것도 AI를 바탕으로 한 기술력 덕분입니다.

이들 플랫폼은 구글이 AI 학습에 필요한 데이터를 얻는 중요한 원천이 됩니다. 구글 검색, 크롬, 안드로이드, 운영체제 등을 통해 사용자들이 남긴 수많은 데이터를 확보합니다. 이 데이터는 구글이 개발하고 운영하는 AI 서비스의 고도화에 사용됩니다. AI 개발과 운영의 선순환 구조를 갖춰놓은 것이죠.

2010년대 들어 구글의 AI 개발은 더 고도화됩니다. 인공신경망 기반 딥러닝 기술의 개발에도 적극 나섰습니다. 데이터나 기술 수준 면에서 다른 기업들을 압도합니다.

이런 구글이 AI 제품을 개발할 때 쓴 도구나 알고리즘을 종종 공개합니다. 구글 제품개발에 쓰인 코드를 100% 공개하는 것은 아니지만, 그 과정에서 썼던 라이브러리 같은 것을 공개해서 참고할 수 있게 한 것이죠. 아예 자신들이 개발한 기계학습 프레임워크를 오픈소스 형태로 만들어 공개하기도 합니다. 바로 텐서플로입니다.

구글은 왜 텐서플로 같은 것을 만들어서 공개할까요? 자기들만의 기술로 꽁꽁 묶어둬도 될 텐데 말이죠. 이는 구글의 오픈소스 전략과 맞닿아 있는데, 노하우를 공유하고 시장을 독점하는 구글만의 플랫폼 전략이죠. AI 개발자들이 구글이 만들어놓은 AI 개발 도구를 많이 쓴다면, 구글은 이 시장에서 독점적 지위를 가져갈 수 있습니다. AI가 고도화될수록 구글의 영향력은 더 막강해질 수 있는 것입니다.

오픈소스 전략으로
여러 마리 토끼를 잡는 구글

구글은 자사 개발자뿐만 아니라 외부 개발자들도 딥러닝 모델을 구축하고 연구 개발을 수행할 수 있도록 텐서플로 등 딥러닝 프레임워크를 공개하고 있습니다.

　텐서플로는 AI 개발을 처음 시도하는 개발자들이 빠르게 구축할 수 있도록 돕는 역할을 합니다. 이를 위해 인공지능 분야에서 인기가 높은 프로그램 언어 파이선을 지원합니다. 다양한 분야에서 새로운 비즈니스 모델과 서비스가 창출될 수 있게 기여하는 것입니다. 덕분에 인공지능 기술도 가파르게 발전할 수 있었습니다. 카카오와 네이버 등 국내 인터넷업체들이 발 빠르게 인공지능 서비스를 선보일 수 있었던 것도 이 같은 구글의 오픈소스 전략 덕분입니다.

　구글은 경쟁사까지도 좋을 일을 왜 하는 것일까요? 구글에도 이익이 되기 때문입니다. 우선은 더 많은 사용자를 확보할 수 있습니다. 텐서플로가 개발자들 사이에서 인기를 얻게 되면 관련 소프트웨어 제품이 많이 나옵니다. 구글이 개발한 다른 소프트웨어 제품 및 서비스와 연결되어 사용자 확보가 쉬워집니다.

　게다가 제품 개선을 위한 다양한 데이터도 수집할 수 있습니다. 텐서플로를 사용하는 개발자들이 다양한 딥러닝 모델을 개발하고, 또 다양한 분야에 적용합니다. 이로써 구글은 자사 제품과 서비스를 개선할 때 다양한 데이터를 확보하게 됩니다. 기계학습과 딥러닝 분야에서 기술 발전에 기여할 수 있습니다. 이는 결과적으로 구글이 기술적 우위를 유지하고 차별화된 제품과 서비스를 제공하는 데 도움이 됩니다.

　구글은 텐서플로 외에도 여러 프로젝트를 공개했습니다. 그 수가 2,000개를 훨씬 넘을 것으로 추정됩니다. 대표적인 오픈소스 프로젝트로 안드로이드, 크롬, 크로미엄OS 등이 있습니다. 이들 프로젝트는 구글

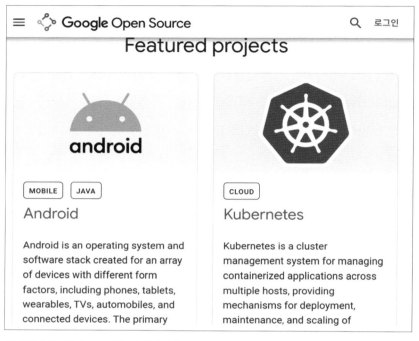

제일 먼저 안드로이드 프로젝트가 보입니다.

의 오픈소스 홈페이지(opensource.google.com)에 잘 정리되어 있습니다.

그렇다고 구글이 자신들의 제품을 전부 공개하는 것은 아닙니다. 인 공지능 제품을 개발하는 데 필요한 기술과 알고리즘은 공개되어 있지 만 제품의 설계와 구현 내용은 대부분 비밀로 유지됩니다. 자사 서비스 의 경쟁 우위를 유지하기 위해서입니다. 낚시대 만드는 방법과 물고기 잡는 방법은 알려줘도, 어디서 큰 물고기가 나오고 어떻게 해서 많은 물 고기를 잡는지는 비밀로 하는 것이죠.

노하우를 내주고
시장을 먹는 전략

구글을 비롯한 IT기업들이 목표로 삼은 전략이 바로 '플랫폼 전략'입니다. 많은 사용자를 확보해 궁극적으로 자사 서비스에 종속되게 하려는 것이죠. 쿠팡이 매해 수조 원의 적자를 감수하면서까지 배송료를 부담하고, 카카오뱅크가 수백억 원의 ATM 수수료를 가입자 대신 내주는 것도 이 같은 플랫폼 전략의 일환입니다.

전 세계에서 가장 효과적으로 플랫폼 전략을 쓴 회사가 바로 구글입니다. 앞서 언급했다시피 구글은 자신들의 노하우를 공개하고, 심지어 공짜로 가져다 쓰게 만듭니다. 자신들의 소프트웨어 제품을 전 세계 하드웨어에 장착시켜 시장의 독점적 지배자가 되기를 원하는 것이죠.

구글에 자극을 받은 마이크로소프트도 최근 몇 년간 오픈소스를 전략적으로 내세우고 있습니다. 대표적으로 오픈소스에 기반한 프로그램 개발 도구인 '비주얼 스튜디오 코드(Visual Studio Code)' '닷넷코어(.NET Core)' '타이프스크립트(TypeScript)' 등이 있습니다. 내부 개발자만으로는 오픈소스 전략을 앞세운 구글을 앞설 수 없다는 마이크로소프트의 위기감이 작용한 것으로 보입니다.

챗GPT, 넌 어떻게 생각해?

"구글의 오픈소스 전략에서
얻을 수 있는 교훈은?"

>> 구글은 오픈소스 전략을 적극적으로 추진하고 있으며, 이를 통해 다양한 분야에서 혁신적인 기술과 서비스를 제공하고 있습니다. 구글의 오픈소스 전략에서 얻을 수 있는 몇 가지 교훈은 다음과 같습니다.

첫째, 협업과 공동체 의식이 중요하다는 것입니다. 구글은 오픈소스 프로젝트를 통해 개발자 커뮤니티와 함께 협업해 기술적인 문제를 해결하고 경험과 아이디어를 교환하고 있습니다. 이러한 공동체적인 참여와 협력은 더 나은 결과물을 만들어내는 데 있어서 중요한 역할을 합니다.

둘째, 기술과 지식은 공유되어야 한다는 것입니다. 구글은 오픈소스 소프트웨어를 개발하고 공개함으로써, 개발자들이 보다 쉽게 기술과 지식을 습득하고 활용할 수 있게 합니다. 이러한 오픈소스 문화는 기술과 지식이 자유롭게 공유되고 발전할 수 있도록 하는 것을 목표로 삼고 있습니다.

셋째, 오픈소스 기술은 혁신과 경제성장에 중요한 역할을 한다는 것입니다. 구글은 오픈소스 기술을 적극적으로 활용해 자체적으로도 혁신적인 기술과 서비스를 제공하고 있습니다. 또한 오픈소스 기술을 활용한 다양한 스타트업과 기업이 성장하면서 경제 성장과 일자리 창출에도 긍정적인 영향을 미치고 있습니다.

이러한 교훈들을 토대로, 우리는 협업과 공동체 의식, 기술과 지식의 공유, 오픈소스 기술의 활용 등을 통해 혁신적인 기술과 서비스를 개발하고 경제 성장에 기여할 수 있을 것입니다.

AI 개발에 많이 쓰이는
프로그램 언어는 무엇일까요?

> 개발 문외한에게는 어렵지만 개발자들에게는 너무나 쉬운 프로그램 언어에요.
> 복잡할 수밖에 없는 인공지능 프로그램을 그나마 보기 쉽게 만들었어요.

오픈소스로 프로그램 소스코드를 공개한다고 해도 나만 알아볼 수 있다면 소용이 없습니다. 공통으로 많이 쓰는 언어로 코딩된 코드여야 누구나 쉽게 알아볼 수 있죠. 따라서 오픈소스는 개발자들이 많이 쓰는 프로그램 언어로 만들어집니다. 전 세계 사람들에게 내 생각을 알리고 싶다면 영어를 쓰는 것이 유리한 것처럼요.

영어를 쓸 줄 알면 외국인 친구를 많이 사귈 수 있는 것처럼, 사람들이 많이 쓰는 프로그램 언어를 사용해 코딩을 한다면 전 세계 많은 개발자들과 교류할 수 있습니다. 도움도 쉽게 받고요. 따라서 범용적으로 가장 많이 쓰는 프로그램 언어를 사용하는 게 여러모로 유리합니다.

오픈소스를 비롯해 여러 프로그램 개발에서 범용적으로 많이 쓰이는 프로그램 언어는 무엇일까요? 바로 파이선입니다. 자바나 C언어 계열을 사용하는 개발자가 많겠지만, 요즘의 오픈소스 프로젝트는 대부분 파이선을 지원합니다. 파이선은 다른 언어보다 쉽고 간단하다 보니 작성해야 하는 코드의 양이 적습니다. 인공지능 개발에도 파이선이 기본으로 쓰이고 있습니다.

약간의 과장을 보태면 초보자도 파이선을 활용해서 프로그램을 개발할 수 있습니다. 과거 C언어 계열 등과 비교해보면 파이선은 배우기가 쉽습니다. 물론 처음부터 잘하기는 쉽지 않습니다. 자바 등 기존 프로그램 언어와 비교해 파이선이 상대적으로 쉽다는 것이지, 입문자에게는 어렵긴 합니다. 하여튼 파이선이 2000년대 이후 딥러닝 연구가 활성화되고 오픈소스 문화가 일반화되면서 많이 쓰였다는 것을 알고 있으셔야 합니다.

심심해서 만들어진 파이선

파이선은 1989년 개발된 프로그래밍 언어입니다. 파이선 개발자는 네덜란드 출신 귀도 반 로섬(Guido van Rossum)입니다. 이 사람은 괴짜면서 천재적인 면이 있었나 봅니다. 직접 쓴 '파이선 프로그래밍' 서문[34]을 보면 1989년 크리스마스가 있던 주에 '심심해서' 파이선을 만들었다고 합니다. 출근하던 정부 운영 연구실이 휴무에 들어가자 취미로 자신만의 프로젝트를 시작한 것입니다.

그가 직접 붙인 이 프로그래밍 언어의 이름도 별다른 뜻이 있는 게 아니었습니다. 영국 6인조 코미디 그룹 '몬티 파이선'에서 따 왔다고 합니다. 로섬이 이들 6인조 코미디 그룹의 열렬한 팬이었다나 뭐라나.

파이선은 교육용 프로그래밍 언어 'ABC'에서 시작했습니다. ABC는 비전문 개발자를 위해 만들어진 언어이다 보니 배우기 쉬웠다고 합니다. 유닉스와 C언어가 워낙 많이 쓰여서 빛을 못 봤을 뿐이었습니다. 로섬은 이 ABC 언어를 활용해 조금씩 보완하면서 파이선을 만들어갔습니다.

물론 파이선을 로섬이 전부 다 개발해서 배포한 것은 아닙니다. 로섬이 근무한 연구소에서 개발을 시작했고, 이후에는 비영리 조직인 '파이선 소프트웨어 재단'에서 관리하고 있습니다. 또한 개발 초기부터 오픈소스로 배포되었기 때문에 다양한 개발자들이 자유롭게 코드를 수정하고 개선했습니다. 이런 협력적인 개발 방식 덕분에 파이선은 오픈소스 커뮤니티에서 인기 있는 언어 중 하나가 되었습니다.

지금도 파이선은 오픈소스 프로젝트로 개발이 이뤄지고 있습니다. 파이선의 소스코드는 깃허브(GitHub) 등 다양한 온라인 저장소에 공개되어 있습니다. 누구나 자유롭게 다운로드할 수 있고, 수정할 수 있습니다. 많은 사람들이 참여한 덕분에 다양한 라이브러리와 프레임워크가 존재합니다.

간편하고 사용하기 쉽다는 게
파이선의 강점

파이선은 다양한 분야에서 사용되고 있습니다. 덕분에 다양한 라이브러리와 프레임워크가 존재합니다. 데이터 분석, 기계학습, 딥러닝 등의 분야로까지 사용처가 넓어지고 있습니다.

파이선에 기반한 프레임워크가 워낙에 많다 보니 게임 개발, 자동화, 금융분석 등에도 쓰입니다. 인공지능 분야에서는 텐서플로와 파이토치, 케라스 등의 딥러닝 라이브러리가 파이선으로 개발되어 있습니다. 따라서 당신이 지금 당장 프로그램 개발을 시작한다면 대부분 "파이선을 배우세요"라고 조언할 것입니다.

실제로 파이선은 초보자들이 배우기 쉬운 언어로 정평이 나 있습니다. 파이선이 코딩하기에 얼마나 간단한지 자바 코드와 비교해보겠습니다(144쪽).

프로그램 개발을 처음 배울 때 쓰는 "Hello, World!"를 출력하는 과정부터 파이선은 간단합니다. 자바와 비교하면 파이선에 들어가는 코드가 간결하고 간단한 것을 알 수 있습니다. 따라서 코드를 쉽게 읽고 이해할 수 있습니다. 게다가 코드를 실수로 잘못 짠 곳이 있다면 이를 빠르게 피드백해서 알려줍니다. 오타 등 사소한 오류로 프로그램 개발에 애를 먹는 초보 개발자들에게는 꽤 도움이 되는 기능입니다.

이런 장점 덕분에 파이선은 교육용 프로그래밍 언어로도 각광을 받

```
// 자바 코드
public class Main {
    public static void main(String[] args) {
        if (true) {
            System.out.println("Hello, world!");
        }
    }
}
```

```
# 파이선 코드
if True:
    print("Hello, world!")
```

고 있습니다. 대학에서도 프로그래밍 개론으로 쓰이는 언어를 C나 C++
에서 파이선으로 바꾸고 있습니다. 무엇보다도 거대한 개발자 네트워크
가 연결되어 언제든 도움을 받을 수 있습니다.

　다만 파이선이 '쉽다'는 건 어디까지나 C언어나 자바 등을 경험한 개
발자 입장에서 쉽다는 이야기입니다. 코딩 문법부터 습득해야 하는 초
보자에게는 자바나 파이선이나 어렵기는 마찬가지입니다. 전체적인 프
로그램 동작 원리와 함수, 절차 등을 알아야 합니다.

챗GPT, 넌 어떻게 생각해?

"파이선보다 더 단순하고 초보자도 쉽게 쓸 수 있는 언어가 있어?"

>> 파이선은 코딩 언어가 단순해 초보자도 친숙하게 사용할 수 있습니다. 물론 파이선보다 더 쉽고 학생과 어린이 등을 위해 설계된 언어도 있습니다. 스크래치(Scratch)와 블로클리(Blockly)입니다.

스크래치는 MIT 미디어랩에서 개발한 시각적 프로그래밍 언어입니다. 어린이를 위해 특별히 설계되었는데, 사용자가 직접 코딩 언어를 입력하지 않습니다. 이미 입력된 코딩 블록을 레고 쌓듯이 쌓아가면서 프로그램을 짤

■블로클리 코딩 화면

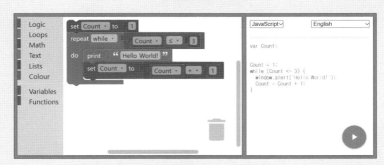

출처: 구글 개발자 지원 사이트 페이지(developers.google.com/blockly?hl=ko)

수 있습니다. 게임이나 에니메이션 등을 만들 수 있고, 프로그램이 완성되어 가는 과정을 시각적으로 볼 수 있습니다. 스크래치는 프로그래밍 기본을 쉽게 배울 수 있는 간단하면서도 직관적인 언어입니다.

블로클리도 스크래치와 비슷하게 코딩 블록을 쌓아가면서 프로그램을 짤 수 있습니다. 어린이보다는 나이가 있는 학생이나 성인 초보자가 많이 씁니다. 블록을 레고 쌓듯이 프로그램을 짠다는 점에서 스크래치와 비슷하지만 고급 기능이 더 많습니다.

우리 시대에 챗GPT가 특별하게 여겨지는 이유는 무엇일까요?

챗GPT는 인간과 비슷하게 대화하기 때문입니다. 인공신경망을 통해 엄청난 데이터를 학습해 말하는 법을 배운 것이죠.

이는 사람이 언어를 배우면서 성장해가는 과정과 유사합니다. 아이들도 시각과 청각, 후각 등 다양한 감각을 통해 외부 정보를 수집하고, 신경망과 연결된 뇌에서 이를 학습합니다. 신경망에 해당하는 인공신경망과 딥러닝, 학습 자료와 비슷한 빅데이터, 두뇌와 비슷한 클라우드 컴퓨팅이 챗GPT를 사람처럼 말하게 한 핵심입니다.

4장

챗GPT는
이렇게 학습합니다

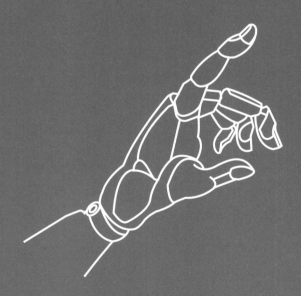

챗GPT에 쓰인
인공신경망은 무엇인가요?

사람이 생각하고 배우는 방식을 컴퓨터에도 적용합니다.
그래서 나온 게 인공신경망이죠.

일라이자나 심심이와 달리 챗GPT는 인공신경망에 기반해 수많은 텍스트 데이터를 학습했습니다. 학습한 데이터가 많다 보니 독보적인 대화 실력을 갖추게 되었습니다. 챗GPT가 기존 규칙 기반 챗봇과 다른 결정적 한 가지를 꼽으라면, 바로 인공신경망 알고리즘을 쓴다는 것입니다.

인공신경망은 우리 뇌의 학습 구조에서 힌트를 얻었습니다. 우리 뇌가 수많은 뉴런으로 연결된 신경망을 통해 정보를 전달받고 처리하는 것을 본 것이죠. 각 뉴런에서 불필요한 정보를 차단하고 필요한 정보만 뇌에 전달하는 것처럼, 인공신경망도 여러 처리 과정을 통해 학습할 데이터의 패턴을 추려냅니다.

인공신경망은 1940년대에 이론적으로 나왔고, 1960년대에 연구가 활발하게 진행되었습니다. 그러나 인공신경망 연구는 기계학습 때보다 더 많은 수준의 데이터와 저장공간, 처리 능력이 필요합니다. 컴퓨터 성능이 낮다면 인공신경망을 제대로 구동하기 힘듭니다. 이것이 인공신경망이 1960년대에 외면받은 주된 이유입니다.

뉴런에서 힌트를 얻은 인공신경망

인공신경망은 1940년대 생물의 뇌 속에 있는 뉴런에서 영감을 받아 고안되었습니다. 외부 감각 기관에 전달된 자극이 전기·화학적 신호로 뇌까지 전달되고 처리되는 과정에서 힌트를 얻은 것입니다. 1950~1960년대에는 이를 실제화하는 알고리즘이 개발되었고, 연구도 활발하게 이뤄집니다. 1970년에는 여러 개의 신경망을 겹겹이 배치하는 다층 신경망 학습이 가능해졌습니다.

문제는 인공신경망 모델에 필요한 계산 능력과 저장 용량이 부족했다는 점입니다. 인공신경망의 핵심이라고 할 수 있는 각 (인공) 뉴런이 제 기능을 다하고 데이터를 처리하기 위해서는 엄청나게 빠른 연산 처리 능력이 필요한데 당시 컴퓨터로는 힘들었습니다. 자체 알고리즘에 대한 완성도도 떨어지면서 인공신경망 기술은 외면받게 되었고, 1960년대 후반에 들어서는 인공지능학계에서 철저한 비주류로 밀려납니다.

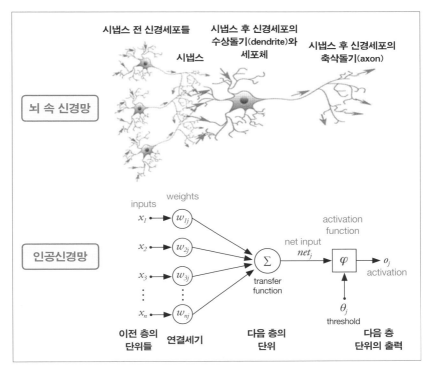

■ 뇌 속 신경망의 작동과 인공신경망의 활성함수

인공신경망의 단위들은 뇌 속 신경망의 신경세포들과 유사한 방식으로 작동합니다.

출처: commons.wikimedia.org/wiki/File:ANN_neuron.svg, en.wikibooks.org/wiki/

1980년대 들어 컴퓨터 기술이 더욱 발전하면서 인공신경망 기술 연구에도 빛이 드는 듯싶었죠. 그러나 여전히 실용성은 부족했습니다. 데이터 처리와 학습 알고리즘 면에서 많은 개선이 필요했습니다.

그때까지 컴퓨터에 입력되는 주된 데이터는 정렬된 데이터였습니다. 이를 두고 '정형화된 데이터'라고 부릅니다. 이름, 주소, 전화번호 등의 기준에 따라 데이터가 정렬된 엑셀 파일 형태의 데이터가 주류였죠. 컴퓨터가 소화하기 쉬운 수프나 죽 정도의 데이터라고 할까요? 당시 컴퓨팅 기술로는 사진이나 음성, 일반 텍스트와 같은 '비정형화된 데이터'를 분석하고 소화하기가 버거웠습니다.

비정형화된 데이터는 용량도 큽니다. 대용량 데이터를 저장하고 처리할 수 있는 시스템과 인프라가 필요하죠. 그래서 네트워크로 연결된 클라우드 컴퓨터가 등장하고 대형 인터넷데이터센터(IDC)가 세워진 2000년대에 들어서야 인공신경망 기술은 중흥기를 맞게 맞게 됩니다.

구글이 인공신경망 기술에서 앞서 나갈 수 있었던 배경도 여기에 있습니다. 구글은 전 세계적으로 규모가 큰 데이터센터를 운영하고 있습니다. 일반 기업은 시도하기 힘든 정도의 컴퓨팅 자원을 확보하고 있죠.

구글은 엄청난 연산 능력에 더해 엄청난 규모의 데이터도 확보하고 있습니다. 검색 시스템을 통해 '텍스트 데이터'를, 유튜브를 통해 '영상 데이터'를, 지도 등을 통해 '위치 자료'를 수집하고 분석할 수 있습니다. AI 기술 개발에 있어서 구글은 '넘사벽(넘기 힘든 벽)' 수준입니다.

알파고도 챗GPT도 쓰는
인공신경망

인공신경망은 입력층(Input layer)과 은닉층(Hidden layer), 출력층(Output layer)으로 구성되어 있습니다.[35] 각 층에 포함된 뉴런들이 각자 역할에 따라 연결되어 있습니다.

인공신경망은 어떤 문제를 해결할 때 뇌의 한 부분처럼 작동합니다. 예컨대 고양이 사진을 보면 각 인공신경망의 뉴런들은 각자의 기능에 따라 다양한 특징을 추출합니다. 빨간색에 반응하는 뉴런, 동그란 모양에 반응하는 뉴런 등이 각기 입력된 신호를 보고 신호를 넘길지 말지 결정합니다. 내부에 학습된 기준에 따라 결정하는 것이죠.

예를 들어 어떤 뉴런은 고양이의 색상을 인식합니다. 다른 뉴런은 고양이의 형태나 패턴을 인식하고, 또 다른 뉴런은 고양이의 눈, 코, 입 등을 인식합니다. 이러한 뉴런들은 각각 입력된 데이터의 특징을 입력하고 이를 바탕으로 고양이를 인식하는 데 기여합니다. 인공신경망은 이러한 뉴런들을 조합해 복잡한 패턴을 인식합니다. 인공신경망 내 수백만 개의 뉴런이 이 일을 합니다.

인공신경망이 인간의 뇌와 비슷한 연산과정을 거친다고 해도 차이점은 있습니다. 사람의 뇌는 생물학적인 시스템으로 전기신호나 화학신호 등 다양한 형태의 신호를 통해 정보를 처리합니다. 반면 인공신경망은 숫자로 된 디지털 신호만 다룹니다.

또한 인공신경망은 학습 알고리즘을 통해 모델을 구성하고 학습하는 게 우선입니다. 이 학습은 프로그래머가 설정한 가중치나 설정값에 따라 진행됩니다. 반면 사람의 뇌는 성장과 발달, 학습, 경험 등을 통해 정보를 습득합니다.

챗GPT, 넌 어떻게 생각해?

"인공신경망이 고도화되면
AI도 사람처럼 생각하게 될까?"

>> 현재의 인공신경망 기술은 다양한 분야에서 놀라운 성과를 보이고 있지만, 인간처럼 완전한 자율적인 사고나 의식을 가지게 될 가능성은 현재까지는 매우 낮다고 생각됩니다.

인간의 사고와 의식은 복잡하고 다양한 인지 과정에 기반해 형성되는데, 현재의 인공신경망 기술은 인간의 뇌와 비교해 많은 부분에서 단순화되고 간소화되어 있습니다.

또한 인공신경망은 현재까지 인간이 정의한 목표나 규칙에 따라 학습하고 응답하는 방식으로 작동합니다. 즉 인간이 주어진 문제를 해결하기 위한 명확한 지시를 제공해야만 원하는 결과를 얻을 수 있습니다.

따라서 현재로서는 인공신경망이 인간과 같은 수준의 사고나 의식을 가지게 될 가능성은 매우 낮다고 볼 수 있습니다. 그러나 기술의 발전과 함께 앞으로 인공신경망이 인간처럼 더욱 발전하고 진화할 수는 있을 것입니다.

▼

챗GPT에 쓰인
딥러닝은 무엇인가요?

> 인간의 복잡한 신경망처럼 인공신경망도 층층이 엮으면 어떨까요?
> 더 많은 정보를 심층적으로 분석해 학습할 수 있지 않을까요?

딥러닝은 '깊다'의 deep과 '배우다'의 learning이 합쳐진 단어입니다. 인공신경망을 활용한 알고리즘의 일종인데, 보통의 기계학습보다 심도 있고 복잡하면서도 더 발전된 결과치를 보입니다. 세계 인공지능 역사는 딥러닝 도입 전과 도입 후로 구분된다고 해도 틀린 말이 아닐 정도입니다.

딥러닝이 활용된 2010년 이후 약 10여 년 동안 이룬 발전은 지난 60여 년간의 인공지능 발전사와 맞먹을 정도입니다. 2016년 이세돌 9단을 이긴 알파고도 딥러닝 알고리즘을 활용했습니다.

1960년대에 나온 일라이자, 2000년대 초에 나온 심심이와 달리 챗

GPT가 명석한 대답을 내놓을 수 있는 것도 바로 딥러닝 덕분입니다. 챗봇 외 자율주행, 드론, 로봇 등의 분야에서도 딥러닝은 폭넓게 활용되고 있습니다.

인공지능의 수준을
확 올린 딥러닝

딥러닝은 2012년부터 가능성을 내보였습니다. 당시 열린 이미지 대회에서 딥러닝 알고리즘을 사용한 팀이 괄목할 만한 성적을 거둔 덕분입니다.

스탠퍼드대학교의 페이페이 리(Fei-Fei Li) 교수는 2010년부터 이미지넷 대회를 개최했습니다. 인공지능의 이미지 분석 기술을 겨뤄보자는 취지의 대회인데, 약 100만 장의 이미지를 1,000개 카테고리로 분류하는 게 미션입니다. 사람이 분류한 이미지와 AI가 분류한 이미지를 대조하고 그 결과를 비교합니다. 사람이 분류한 결과와 가까울수록 정확도가 높게 매겨집니다.

미션에서 주어지는 이미지는 아마존의 데이터 플랫폼 '아마존 매케니컬 터크(AMAZON Mechanical Turk)'에 저장되어 있습니다. AI 학습 대결을 위한 데이터 플랫폼이죠. 참고로 매케니컬 터크는 19세기 전 유럽 체스계를 뒤흔든 자동 체스 기계입니다. 유수의 사람들과의 체스 대결에서 승리하면서 주목받았습니다. 훗날 기계 안에 사람이 있었다는 게 밝

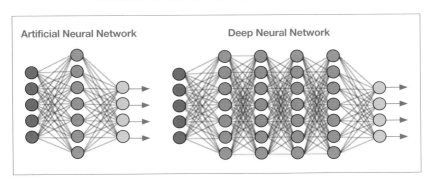

출처: Machine and Deep Learning Approaches in Genome: Review Article in Alfarama Journal of Basic & Applied Sciences (August, 2020).

혀지긴 합니다.

2010년 첫 이미지넷 대회에서 AI의 분류 정확도는 72%였습니다. 2011년은 이보다 나은 정도인 74%였습니다. 2012년에는 놀라운 결과가 나옵니다. 토론토대학교의 알렉스 크리제브스키(Alex Krizhevsky)가 들고 나온 '알렉스넷(AlexNet)'이 정확도 84%를 기록한 것입니다. 다른 경쟁자들과 비교해도 압도적이었습니다.

알렉스넷의 승리 비결은 GPU 기반 딥러닝 프로그램에 있었습니다. 이 프로그램은 심층신경망으로 구현되었습니다. 이를 위해 알렉스넷은 GeForce GTX 580(3GB 메모리) GPU를 사용했습니다. 덕분에 기존 방식으로 수십 일이 걸렸던 기계학습을 5~6일로 단축했습니다.

알렉스가 소속된 제프리 힌튼(Geoffrey Hinton) 토론토대학교 교수팀은 대회에서 사용한 소스코드도 공개했습니다. 자신들이 썼던 프로그램 코딩 설계도를 참고해 다른 팀이 더 나은 딥러닝 결과를 내도록 한 것입니다. 이후 진행된 모든 대회에서 참가자 모두가 GPU 기반 딥러닝을 활용하기 시작했습니다. 최근 이미지넷 경진대회에서는 마이크로소프트팀이 GPU 기반 딥러닝으로 정확도를 96%까지 끌어 올렸습니다. 거의 사람의 수준까지 정확도를 올린 것입니다.

더욱 가속화된
인공지능 연구

딥러닝이 화려하게 주목받으면서 엔비디아가 대박을 칩니다. 전 세계 GPU 시장을 주름잡던 회사가 바로 엔비디아이기 때문입니다. 엔비디

■ 인공지능의 발전

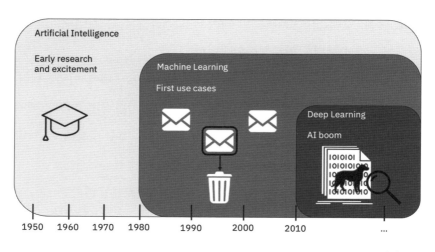

출처: IBM

아는 AI 개발에서 GPU는 없어서는 안 될 중요한 존재가 되었고, AI 연구 규모가 커질수록 엔비디아가 벌어들이는 돈도 많아지게 되었습니다. 2023년 2월 기준 엔비디아의 시가총액은 5,000억 달러 이상입니다. 3,000억 달러 규모인 국내 최대 기업 삼성전자 수준을 웃도는 정도입니다.

딥러닝의 실증성을 보여준 알렉스넷의 제프리 힌튼 교수팀도 대형 IT기업들의 관심을 받으며 돈방석에 앉게 됩니다. 그즈음 힌튼 교수는 DNN리서치(Deep Neural Network research)를 창업했으며 세계 유수의 IT기업들의 러브콜을 받습니다. 처음에는 중국 최대 IT기업 바이두가 1,200만 달러를 제시하며 인수 의사를 밝혔고, 구글과 마이크로소프트 등도 인수전에 뛰어들었습니다. 인공신경망 기반의 딥러닝이 장차 엄청난 돈이 될 것이라고 본 것이죠. 결국 4,400만 달러에 구글이 이 기업을 인수합니다.

세계적인 기업들이 딥러닝에 투자하면서 연구가 더욱 활발해집니다. 잊혔던 인공신경망 기술의 화려한 부활이라고 할까요?

딥러닝의 한계와
대안 모색

딥러닝 기술도 문제점이 있습니다. 학습해야 할 데이터 규모가 방대하거나 복잡해지면 알고리즘 또한 복잡해진다는 점입니다. 또한 딥러닝에는 엄청난 규모의 컴퓨팅 파워가 필요합니다. 연구에 비용이 많이 들 수 밖에 없습니다.

AI 업계에서는 딥러닝을 뛰어넘는 새로운 기술이 나올 가능성을 내다보고 있습니다. 예를 들어 현재 연구되고 있는 '양자 컴퓨팅(Quantum Computing)'이라는 기술은 딥러닝보다 훨씬 빠른 속도로 복잡한 계산을 수행할 수 있는 잠재력이 있습니다. 또한 기존 딥러닝 방식보다 더 효율적으로 기계학습을 할 수 있는 새로운 분야도 연구되고 있습니다.

챗GPT가 학습한 데이터가
특별한 이유는 뭔가요?

> 딥러닝의 첫 번째 성패는 '얼마나 많은 데이터를 확보할 수 있는가'에 달려 있습니다.
> 사진, 소리, 영상, 문장 등을 보면서 인공지능이 학습할 수 있는 시대가 열린 것이죠.

1990년대에는 1.5MB 규모의 플로피디스크 한 장으로도 충분히 컴퓨터를 구동시킬 수 있었습니다. 2000년대에는 1GB(약 1,000MB) USB스틱 하나만 있어도 든든했습니다. 당시에는 우리가 사용하는 데이터의 양이 그만큼 적었기 때문입니다.

하지만 그로부터 불과 20년도 지나지 않아 세상은 또 크게 바뀌었습니다. PC, 스마트폰 등이 인터넷과 연결되고 수많은 사물인터넷 서비스가 나오면서 생산되는 데이터 양 자체가 엄청나게 증가했습니다. 이렇게 폭증한 정보를 분석하고 처리하기 위해 나온 것이 바로 빅데이터 분석 기술입니다.

빅데이터의 활용은 인공지능 발달의 자양분 역할을 하는데, 대표적인 결과물이 바로 인공지능 챗봇입니다. 오늘날 챗GPT가 사람이 입력한 문장을 알아듣고 자신이 저장한 지식을 문장으로 전달하는 것도 딥러닝에 기반한 빅데이터 기술 덕분입니다. 인터넷에 쌓인 엄청난 양의 문장 데이터를 학습하고 익힌 덕분입니다.

빅데이터의
역사

빅데이터 개념은 비교적 새로운 것이지만, '대규모 데이터 세트'의 기원은 1960~1970년대로 거슬러 올라갑니다. 데이터를 모아놓는 곳인 '데이터 센터'가 등장하고 '관계형 데이터베이스'[36]가 개발되는 등 데이터에 대한 기초적인 개념이 자리잡게 됩니다.

2000년대 중반을 넘어서면서 인터넷 웹에서 생산되는 데이터양이 폭증합니다. 블로그를 비롯해 페이스북과 같은 사회관계망 서비스가 생겨나고, 유튜브 등 동영상 서비스도 본격적으로 시작됩니다. 소셜미디어 서비스에 업로드되는 사진도 폭발적으로 늘면서 그전과 비교할 수 없는 수준의 데이터가 쌓입니다.

2010년대 이후 스마트폰이 대중화되고 사물이 인터넷으로 연결된 IoT 서비스[37]가 시작되면서 데이터의 양은 더 늘어납니다. 데이터의 양을 표시하는 단어도 늘어나는데, 1PB(페타바이트)가 쓰입니다. 1PB는 약

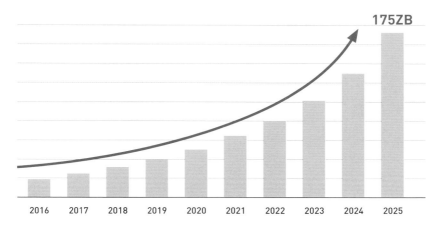

■ 전 세계 데이터 생산량 예상도

175ZB

2016　2017　2018　2019　2020　2021　2022　2023　2024　2025

1ZB(제타바이트)는 약 1조 GB의 양입니다.

출처: 인터내셔널 데이터 코퍼레이션(IDC) 보고서(2018년, 'Data Age 2025' sponsored by Seagate Technology)

100만 GB로 6GB 기준 DVD 영화 17만 4,000편을 담을 수 있는 용량입니다. 생산되는 데이터의 양이 2년마다 2배씩 늘어나고 있어 조만간 1PB 이상의 데이터 용량 단위가 쓰일 전망입니다.

'빅데이터'라는 용어 자체는 2000년대 초반부터 있었고, 2010년대 미국에서 본격적으로 쓰이게 됩니다. 이전에도 대용량 데이터의 개념은 있었지만 최근에야 이를 효과적으로 처리하고 분석하는 기술, 즉 방법론에 대한 관심이 높아진 것입니다.

빅데이터 처리 기술의 등장은 데이터의 생산과 수집, 저장, 처리 기술이 고도화되면서 비로소 가능해졌습니다. 이처럼 수많은 양의 데이터를 처리할 수 있게 되면서 인공지능이 학습할 수 있는 데이터의 양 또한 늘었습니다. 이는 딥러닝으로 대변되는 기계학습이 더욱 고도화되는 계기가 됩니다.

빅데이터는
일반 DB와 다릅니다

인터넷 시대 이전에도 데이터를 정리해서 저장해놓는 데이터베이스라는 개념은 있었습니다. 나중에 쓸 데이터를 일정한 규칙에 따라 정리해놓는 게 데이터베이스가 되는 것이죠. 물론 컴퓨터 저장장치에는 0과 1의 디지털 신호로 저장됩니다.

다만 저장된 데이터는 정형성이냐, 비정형성이냐에 따라 구분됩니다. 데이터베이스는 정형성이 있는 데이터, 즉 일정한 규칙 아래 정렬된 데이터 저장 체계라고 할 수 있습니다. 하지만 그림이나 영상, 문장처럼 일정한 규칙으로 분류하기 어려운 데이터가 있는데, 이들 데이터를 비정형 데이터라고 합니다. 빅데이터는 비정형 데이터를 분석해서 공통점을 찾아내는 기술이라고 볼 수 있습니다.

쉽게 설명드려보겠습니다. 정형화된 데이터는 테이블 형태로 구성된 데이터베이스를 뜻합니다. 엑셀 파일 형태나 CSV 등이 확장자로 구현된 파일 등이 예가 됩니다. 이러한 데이터는 각각 데이터 타입에 따라 숫자, 문자, 날짜 등의 기준값이 있습니다. 이 기준에 따라 데이터들이 정렬되고 추출됩니다.

반면 비정형화된 데이터는 이미지나 대화 문장 같은 것입니다. 뚜렷하게 정렬된 모양이 아니기 때문에 비정형화된 데이터라고 일컫습니다. 이런 데이터는 마땅히 구조화되지 않아 기존 데이터베이스 시스템이나 스프레드시트 기술로 처리하기 어렵습니다. 비정형화된 데이터를 분석하고 정렬하기 위해서는 별도의 텍스트마이닝(텍스트 분석), 이미지 분석, 음성 분석 등의 기술을 사용합니다. 이 기술을 활용해 데이터에서 패턴을 찾고 의미 있는 정보를 분석합니다.

처리 방법에도 데이터베이스와 빅데이터 간에 차이가 있습니다. 데이터베이스는 행과 열로 이뤄진 테이블에서 작은 정보를 빠르게 추가하고 수정, 삭제할 수 있습니다. 웹 사이트에 저장된 회원 개인정보가 엑셀로 구현된 것을 상상하면 됩니다. 반면 빅데이터는 대규모 데이터 집합을 분석하는 데 중점을 두며, 단순한 정렬보다는 분석의 과정을 더 중요시합니다.

비즈니스적인 가치에서도 차이가 있습니다. 데이터베이스는 기업의 핵심 업무를 지원하는 데 중점을 둡니다. 반면 빅데이터는 데이터 분석을 통해 새로운 인사이트를 발견하고 새로운 비즈니스 모델을 개발하는 데 중점을 둡니다. 예컨대 신용카드의 결제 정보를 분석해서 '오후 10시가 되면 강남역 주변 치킨집 매출이 올라간다' 등의 정보를 얻어냅니다. 이는 실제 기업 마케팅에 활용될 수도 있습니다.

딥러닝과 빅데이터의
관계

빅데이터는 대규모 데이터 집합을 다루는 기술입니다. 다뤄야 하는 데이터도 텍스트나 숫자 등을 기준으로 나열된 것뿐만 아니라 이미지, 영상, 이동 정보, 경로, 문장, 대화 등 다양합니다. 컴퓨터로 저장될 수 있는 형태의 거의 모든 정보를 분석해야 합니다.

그러므로 빅데이터를 기존의 CPU 기반 연산만으로는 처리하기란 어렵습니다. 이들 데이터를 효과적으로 분석할 수 있는 게 바로 인공신경망에 기반한 딥러닝입니다.

딥러닝은 빅데이터를 학습하고 패턴을 읽는 데 있어 가장 효과적인 방법이라고 할 수 있습니다. 빅데이터에서 발생한 다양한 유형의 데이터를 딥러닝 모델로 학습시키면서 데이터 활용성을 높일 수 있습니다.

또한 데이터는 딥러닝으로 구현된 인공지능의 성능을 높여주는 방법이 되기도 합니다. 챗GPT처럼 인공지능 서비스로 구현된 상황일 때 그러합니다. 즉 학습데이터가 많아질수록 챗GPT가 내놓는 답변의 수준이 높아지는 것처럼 인공지능도 고도화됩니다.

챗GPT, 넌 어떻게 생각해?

"빅데이터 시대에 인간의 지식은 어떤 의미를 갖게 될까?"

>> 빅데이터 시대에 인간의 지식은 더욱 중요한 의미를 갖게 됩니다. 빅데이터는 기존에는 수집하기 어려웠던 대규모의 데이터를 수집하고 분석할 수 있게 되어, 기업이나 정부 등에서 다양한 분야에 걸쳐 활용되고 있습니다.

하지만 빅데이터를 다루기 위해서는 이를 분석하고 해석할 수 있는 사람이 필요합니다. 따라서 인간의 지식과 전문성은 빅데이터 시대에서 더욱 중요한 역할을 할 것입니다. 데이터 분석 결과에 대한 적절한 해석과 활용 방안을 결정할 수 있는 능력이 필요하기 때문입니다.

또한 인간의 지식과 경험은 빅데이터에서 발견되지 않는 특정한 패턴이나 트렌드를 발견하고, 새로운 아이디어나 혁신적인 방법을 제시하는 역할을 할 것입니다.

이처럼 빅데이터 시대에서는 인간의 지식이 더욱더 중요한 역할을 할 것이며, 다양한 분야에서 활용될 것입니다. 데이터와 인간의 지식이 상호 보완적으로 작용해 더 나은 결론과 결정을 내릴 수 있는 가능성이 매우 커졌습니다.

챗GPT 이전에 우리에게 충격을 준 AI가 있다고요?

> 알파고는 클라우드 컴퓨팅 서버에 있는 무형의 인공지능입니다.
> 엄청나게 많은 연산 작업을 하다 보면 인간 직관의 영역도 넘을 수 있음을 깨닫게 되었습니다.

인공지능 발달사에서 알파고는 빼놓을 수 없는 이름입니다. 알파고는 딥러닝 기반 인공지능이 인간의 직관 영역도 넘어설 수 있다는 것을 극명하게 보여줬습니다.

바둑은 체스나 장기와 달리 경우의 수가 무한대에 가깝습니다. 각각의 말에 정해진 역할과 경로가 있는 체스와 달리 바둑은 어떤 수가 나올지 계산하기 어렵습니다. 오직 인간의 직관만이 바둑을 이해하고 바둑에서 승부를 내는 결정적 요인으로 여겨졌습니다. 그래서 알파고와 대국을 벌였던 이세돌 9단도 처음에는 자신의 승리를 낙관했습니다. 알파고를 개발된 지 1~2년밖에 되지 않은 초기 프로그램으로 여긴 것이죠.

출처: 이데일리

 그러나 알파고는 2016년 3월에 벌어진 5차례 대국에서 이세돌 9단을 4대 1로 이기는 파란을 일으켰습니다. 첫판에서는 아슬아슬하게 이기는 듯싶더니 이후 승부에서는 능수능란한 수를 선보였습니다. 인간계 대표였던 이세돌 9단이 3연패 뒤 거둔 첫 승리에서 눈물을 글썽이며 자신의 승리를 자축할 정도였습니다.

 알파고는 이후 많은 인공지능 프로젝트에 영감을 줍니다. 2년도 안 되는 짧은 시간에 바둑의 영역에서 알파고가 인간을 넘어설 수 있었던 비결로 딥러닝과 여러 알고리즘이 세상에 알려집니다. AI를 위한 알고리즘 개발도 활발해집니다. GPT와 같은 챗봇 개발도 새로운 전기를 맞게 됩니다.

알파고 프로젝트의
시작과 화려한 결실

알파고 프로젝트는 구글의 인공지능 연구 자회사 딥마인드(DeepMind)에서 시작되었습니다. 이때가 2015년이었습니다. 초기 목표는 세계 챔피언을 이기는 것이었습니다. 이를 위해 알파고는 딥러닝과 강화학습[38] 기술을 결합해 게임을 스스로 학습하고 개선했습니다.

실제로 알파고는 2015년 1월부터 12월까지 1,600만 개에 달하는 수많은 바둑 기보 데이터를 학습했습니다. 인터넷에 공개된 프로기사들의 기보 데이터였습니다. 이를 통해 알파고는 최적의 수를 두는 방법을 학습했습니다.

2016년 3월 드디어 이세돌 9단과의 대국이 열립니다. 결과는 앞서 언급했다시피 알파고의 낙승이었습니다. 1년하고도 2개월 만에 알파고는 인간 최고의 경지까지 오른 것입니다. 딥러닝과 강화학습이 인공지능 훈련에 특효라는 점이 증명된 것입니다.

이후 알파고 프로젝트는 다른 게임에서의 인공지능 연구로 확장되었습니다. PC 온라인 게임인 스타크래프트 등에서도 우수한 성능을 발휘합니다.

알파고는 이세돌 9단과의 대국 당일 1,920대의 컴퓨터와 GPU를 동원했습니다. 클라우드 컴퓨팅(Cloud Computing)[39]으로 연결된 이들 기기에는 각각 GPU가 장착되어 있었습니다. 초당 수백만 개의 데이터를 분석해 다음 수를 예측합니다.

이 때문에 이세돌 9단과의 대결에서 '인공지능이 반칙을 했다'라는 비난을 듣기도 했습니다. 이 9단이 혈혈단신으로 대국에 임한 것과 비교해 알파고는 전 세계 각처에 흩어져 있는 수천 대 규모의 컴퓨터가 도움을 주었고, 딥마인드 연구진 수십 명도 프로그램에 관여했기 때문입니다. 일부 논란이 있었으나 알파고는 바둑으로 인간 최고 실력자를 이긴 최초의 프로그램이 되었습니다.

이후 딥마인드는 2017년 알파고 제로를 발표합니다. 알파고와 마찬가지로 딥러닝과 강화학습 기술을 사용했지만, 목표는 달랐습니다. 인간이 남긴 기보로 학습했던 알파고와 달리 알파고 제로는 첫 대국부터 스스로 학습을 시작했습니다. 인간의 개입이나 배경지식 없이 단순히 게임판의 상태만을 입력해 학습했습니다. 인간이 범접할 수 없는 수준까지 올라선 것입니다.

몬테카를로 트리 탐색을 활용해 학습

딥마인드는 바둑과 같은 게임에 최적화된 알고리즘을 개발하고 적용합니다. 이 중 하나가 '몬테카를로 트리 탐색'입니다. 몬테카를로 트리 탐색은 무작위로 게임을 수행하고 이를 통해 가능한 수의 집합을 탐색합니다.

이런 작업을 하면서 확률 높은 수를 추리고 그 안에서 다음 수의 성공 가능성을 예측합니다. 이런 작업을 초당 수백만 건을 하면서 다음 수를 두기 위한 최적의 수를 선택합니다.

예컨대 A, B, C 말 3마리가 경주를 벌인다고 가정해봅시다. 이 말들이 어느 정도 승률을 가질지 알 수가 없습니다. 따라서 처음에는 각각의 말에 똑같은 액수를 베팅합니다.

10회를 했다고 쳤을 때 A는 50코인, B는 25코인, C는 10코인을 승리 수당으로 챙겼다고 합시다. 그다음부터는 앞서 나온 결과만큼 실행 횟수를 할당해 부여합니다. 이길 확률이 높은 수에 가중치를 두고 시뮬레이션하는 것이죠.

알파고도 몬테카를로 트리 탐색을 활용해 바둑을 학습했습니다. 1단계로 방대한 양의 기보 데이터베이스를 학습합니다. 바둑 고수들의 수를 학습하면서 '최적의 수'를 익히는 것이죠. 2단계에서는 스스로 대전을 벌이면서 강화학습을 합니다. 앞서 얻은 기보 데이터를 통해 '나만의 수'를 놓기 위한 과정입니다.

각각의 기준과 정책 함수를 활용해 승률이 높은 수를 선택할 수 있도록 신경망에서 학습합니다. 실제 대전에서 이를 활용해 최적의 수를 계산해 내놓습니다. 인간이 경험을 통해 얻은 지식을 가지고 '직관'을 통해 수를 둔다면, 알파고는 통계적 확률에 따라 승률 높은 수를 두는 것입니다.

챗봇 분야에서도 몬테카를로 트리 탐색은 '자연어 이해(NLU, Natural Language Understanding)'와 '자연어 생성(NLG, Natural Language

Generation)'에 사용됩니다. 인간이 만들어내는 대화 문장의 경우의 수가 무한이라고 할 수 있지만, 몬테카를로 트리 탐색을 사용하면 필요한 대화 문장의 개수를 좁혀갈 수 있습니다. 각 문맥의 단어가 가진 뜻을 확률적으로 계산하고, 이에 걸맞은 답변 후보군을 추리는 식이죠.

챗GPT를 구동하는 컴퓨터는
어디에 있나요?

> 단 하나의 컴퓨터로 인공지능을 구동하는 시대는 지났어요.
> 전 세계 각처에 흩어진 고성능 컴퓨터가 힘을 모아 인공지능의 학습을 돕습니다.

지난 2016년 2월 22일 구글 알파고와 이세돌 9단의 바둑 대결을 앞두고 기자회견이 열렸습니다. 알파고와 이 9단의 대국 일정을 발표하는 자리였는데 한 기자가 손을 들어 질문했습니다.

"이세돌 9단과의 대국을 위해 슈퍼컴퓨터 같은 것을 한국에 들고 오나요?"

1997년 IBM의 인공지능 체스 컴퓨터인 딥블루를 연상하며 한 질문입니다. 딥블루는 일종의 슈퍼컴퓨터로, IBM은 대국장 근처에 이 대형 컴퓨터를 설치해놓았습니다.

알파고를 개발한 구글 딥마인드의 CEO 데미스 하사비스(Demis

Hassabis)는 이렇게 답했습니다.

"아닙니다. 알파고는 구름(클라우드) 위에 있습니다. 한국에서는 클라우드에 있는 알파고에 연결할 뿐입니다."

하사비스의 답변에 일부 기자들은 수긍했지만 일부는 의아해했습니다. '물리적인 컴퓨터가 아닌 네트워크로 연결된 컴퓨터로 바둑이 가능하다고?'

이후 대국이 시작되자 다들 수긍하게 됩니다. '네트워크로 연결된 컴퓨터가 슈퍼컴퓨터 못지않은 성능을 내는구나.'

거리나 시간의 제약이 없는
클라우드 컴퓨팅

클라우드 컴퓨팅이란 네트워크를 통해 흩어져 있는 컴퓨팅 파워를 하나로 모아 이용하는 기술입니다. 수백 대의 컴퓨터를 하나로 뭉쳐 한 대의 슈퍼컴퓨터처럼 쓰는 기술이라고 보면 이해하기 쉽습니다.

클라우드 컴퓨팅은 네트워크로 연결되었다는 점에서 거리나 시간의 제약에서도 벗어날 수 있습니다. 대단한 고성능 컴퓨터가 아니어도 일반 PC를 묶어서 컴퓨팅 성능을 높일 수도 있습니다. 2000년대 초 인터넷으로 '소리바다'를 이용해본 사람이라면 쉽게 이해할 수 있는 게 있습니다. 소리바다를 통해 MP3 파일을 내려받는 대신 자신의 컴퓨팅 파워 일부를 소리바다 서버가 쓸 수 있게 해주는 것이죠. 비트코인을 채굴하

출처: 픽사베이

는 과정에서도 이를 응용할 수 있습니다. 비트코인을 채굴하는 이유 중 하나가 비트코인 블록체인이 잘 굴러가도록 컴퓨팅 파워를 제공하는 것이라고도 볼 수 있습니다.

일상생활에서는 개인이나 기업이 클라우드 컴퓨팅 서비스를 활용하는 일이 더 흔합니다. 대표적인 클라우드 서비스로는 아마존웹서비스, 마이크로소프트 애저(Microsoft Azure), 구글 클라우드 플랫폼(Google Cloud Platform) 등을 들 수 있습니다. 각 클라우드 서버에서 제공하는 스토리지, 데이터베이스, 네트워크 등의 컴퓨터 자원을 사용하고 일정 요금을 내는 것입니다. 기업이나 개인이 이런 자원을 사거나 유지 보수할 필요가 없어 손쉽게 사용할 수 있습니다.

엄청난 연산에는
병렬 연결된 클라우드 컴퓨터가 더 유용

여기서 우리는 '병렬적 구조'라는 개념을 이해해야 합니다. 병렬적 구조는 AI 학습과 구동에서 더 유용합니다. 엄청난 데이터를 학습하는 데는 고성능 슈퍼컴퓨터 한 대보다 평범한 컴퓨터 수천 대가 더 효과적입니다. 즉 GPU처럼 여러 컴퓨터가 병렬로 연결되어 단순 반복 업무를 해주는 것이죠.

실제 구글은 이세돌 9단과 대결하는 알파고의 연산 작업을 돕기 위해 수십만 대의 컴퓨터를 연결한 서버 풀을 적극적으로 활용했습니다. 각 컴퓨터는 슈퍼컴퓨터의 성능에 한참 못 미치지만 그것들이 모여 바둑의 경우의 수를 계산하는 데는 무리가 없었던 것이죠. 특히 딥러닝은 연산 작업을 각 서버와 데이터센터별로 효과적으로 할당해야 무리 없이 돌아갑니다.

또한 클라우드 컴퓨팅은 AI 애플리케이션 개발과 배포를 쉽게 만들었습니다. 인공지능 애플리케이션은 보통 많은 양의 컴퓨팅 자원이 필요합니다. 인공지능을 학습시키고 연산하게 하는 일은 웬만한 PC나 컴퓨터로는 하기 힘든데, 구글이나 마이크로소프트 등에서 운영하는 대용량 클라우드 서버를 빌리면 가능해집니다.

챗GPT도
클라우드에서 구동

'챗봇의 끝판왕'이라고 할 수 있는 챗GPT와 GPT 엔진도 클라우드 서버에서 구동됩니다. 덕분에 전 세계 사용자들이 대화 서비스를 이용할 수 있습니다. 2023년 2월 기준 챗GPT의 사용자 수가 1억 명이 넘었습니다. 클라우드 서비스를 사용하지 않았다면 이 많은 사람들의 대화 요청을 받아들이기 힘들었을 뿐 아니라, 언어 모델을 학습하거나 사용자들의 질문에 응답하기도 힘들었을 것입니다.

챗GPT를 개발해 공개한 비영리 AI연구단체 오픈AI는 마이크로소프트와 파트너십을 맺고 있습니다. 당연히 마이크로소프트에서 제공한 클라우드 서비스를 사용하고 있습니다. 대화 엔진 GPT-3와 이전 버전인 GPT-2는 마이크로소프트의 클라우드 서비스인 애저에서 구동되고 있습니다. 챗GPT 또한 마찬가지일 가능성이 높습니다.

따라서 챗GPT는 물론 최근 우리가 접하고 있는 인공지능을 출현하게 한 1등 공신 중 하나가 바로 클라우드 컴퓨팅입니다. 전 세계 컴퓨터 네트워크가 연결되기 전 인공지능 분야에서 큰 성과가 없었다는 점을 고려하면, 클라우드 컴퓨팅은 오늘날 AI 발전에 결정적인 역할을 했다고도 볼 수 있습니다.

챗GPT, 넌 어떻게 생각해?

"클라우드 시대에는 우리가 휴대하는 PC의 형태도 달라지겠지?"

>> 클라우드 컴퓨팅의 발전은 우리가 사용하는 컴퓨터와 디바이스의 형태와 기능에도 영향을 미칠 것으로 예상됩니다. 클라우드 컴퓨팅이 보편화되면 우리가 휴대하는 디바이스는 클라우드와 더욱 밀접하게 연동됩니다. 그러면 클라우드상의 데이터와 애플리케이션을 보다 쉽게 이용할 수 있게 될 것입니다.

예를 들어 현재는 클라우드를 통해 원격으로 컴퓨팅을 수행하는 클라우드 컴퓨팅 기술이 발전하고 있습니다. 이러한 기술이 발전하면 클라우드상에서 모든 컴퓨팅 작업을 수행할 수 있게 되어, 우리가 휴대하는 디바이스의 성능이 크게 상승하지 않아도 높은 수준의 컴퓨팅 성능을 누릴 수 있게 될 것입니다.

또한 클라우드를 이용해 데이터와 애플리케이션을 저장하고 공유하는 것이 보다 간편하고 안전해지기 때문에, 우리가 휴대하는 디바이스의 저장 용량은 상대적으로 덜 중요한 요소가 될 것입니다. 따라서 디바이스가 보다 가볍고 슬림해질 것으로 예상됩니다.

또한 클라우드 컴퓨팅을 이용하면, 디바이스의 OS와 애플리케이션을 클라우드상에서 실행시키는 '가상화(Virtualization)' 기술도 활용될 것입니다. OS나 애플리케이션을 굳이 설치할 필요가 없이 클라우드상에서 실행시키고 사용할 수 있게 되는 것입니다.

이러한 방식으로 클라우드 컴퓨팅이 보편화되면, 우리가 휴대하는 디바이스의 형태와 기능이 보다 유연해질 것으로 예상됩니다. 클라우드 서비스에 대한 의존도가 높아지므로 휴대기기의 성능이나 메모리보다 클라우드 서비스로의 접근성과 이용성이 더 중요해질 것으로 예상됩니다.

챗GPT는 단지 '말하는 챗봇'이 아닙니다. 질문자에게 조언을 하고 아이디어를 제시합니다. 영어 공부를 하는 사람에게는 24시간 내내 언제든 질문할 수 있는 과외 선생님이 되고, 블로그 운영자에게는 글쓰기 컨설턴트가 됩니다. 유튜브 운영자에게는 대본을 만들어 제시해주기도 합니다. 이메일 쓰기, 기획안 작성 등 업무에서도 도움을 받을 수 있습니다.

챗GPT는 단순한 기술이 아닙니다. 업무 시간을 덜어주고 자기계발에 도움을 주는 우리 삶의 동반자입니다.

5장

실전에서 바로 써먹는
챗GPT 활용법

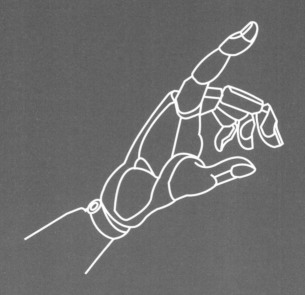

챗GPT는
왜 챗봇 끝판왕일까요?

> 챗GPT는 현재까지 한국에 공개된 대화형 챗봇 중 가장 많은 관심을 받고 있어요.
> 지식 전달뿐 아니라 글까지 써준다는 점에서 '생성형 AI'의 신기원을 그리고 있습니다.

챗GPT는 비영리 AI 연구단체 오픈AI가 공개한 대화형 챗봇입니다. 그림을 그리거나 시를 짓는 등 뭔가를 만드는 행위를 하는 AI라서 '생성형 AI'라고 구분 짓습니다. 대화를 생성하는 AI라고 보면 쉽습니다.

오픈AI는 자연어 처리와 대화 등을 위한 AI 언어 모델 GPT를 발표해 왔습니다. GPT는 'Generative Pre-trained Transformer'의 약자인데 '사전에 학습된 생성형 AI'로 풀이할 수 있습니다.

생성형 AI는 사용자의 요구에 따라 결과를 만들어냅니다. 데이터 원본을 통해 학습하면서 패턴을 익히고 (용도에 따라) 소설, 이미지, 비디오, 코딩, 시 등 다양한 콘텐츠를 만들 수 있는 것이죠. 인간이 하는 예술 같은 창조적 활동을 모사할 수 있다 보니 '인간에 좀 더 가까워진 AI'로 인식되기도 합니다.

이 중 챗GPT는 GPT가 챗봇으로 구현된 것으로, 사람처럼 대화합니다. 대화가 워낙 자연스럽다 보니 2022년 11월 30일에 베타서비스가 발표된 후 5일 만에 100만 명, 2주 만에 200만 명의 사용자 수를 달성했습니다. 2023년 2월 들어서는 사용자 수가 1억 명에 이를 것으로 추정됩니다. 그전의 다른 어떤 인터넷 서비스보다 빠르게 사용자 수를 확보했습니다. AI 서비스만 놓고 봤을 때도 전례가 없을 정도입니다.

번역부터 작문까지
그야말로 팔방미인?

챗GPT는 대화형 질의에 자연스럽게 답변할 뿐만 아니라 언어 번역, 콘텐츠 생성, 텍스트 요약 등 광범위한 부분에서 강력한 성능을 보입니다. 예컨대 질문 범위가 과거의 챗봇과는 다릅니다. "파이선으로 ○○○ 부분을 코딩해줘"라든가 "이 코드에서 오류를 잡아줘" 등이죠.

이 같은 질문이 들어오면 챗GPT는 대화체로 답해줍니다. 이전에 검색엔진을 이용할 때와는 다릅니다. 검색 결과로 나온 웹 페이지를 열어본 뒤 글로 다시 정리할 필요가 없는 것입니다.

챗GPT와 대화를 하면서 반복적으로 물어보고 설명을 들을 수도 있습니다. 정보 검색과 지식 습득의 방식이 바뀌는 것인데, 1990년대 후

반에 검색엔진이 나타난 이후 최대 변화가 일어날 것으로 보입니다.

검색 업계에서는 검색의 패러다임이 바뀐다고 난리입니다. 순다르 피차이(Sundar Pichai) 구글 최고경영자는 챗GPT 열풍을 '위협'이라고 규정지었습니다. 자사 검색엔진 사업에 대한 위협을 해결하는 데 집중하라는 지시를 내렸습니다.

구글에 밀려 검색 시장 후발주자가 된 마이크로소프트는 챗GPT에 10조 원 넘게 투자하고 자사 검색엔진 '빙(Bing)'과의 연계를 천명했습니다. '물 들어올 때 노 젓는다'는 식으로 구글의 검색 점유율을 빼앗을 절호의 기회로 여기고 있는 것이죠. 검색 시장에서 구글의 압도적인 위력에 존재감이 거의 무(無)에 가까웠던 마이크로소프트 입장에서는 그야말로 신나는 상황이 되었습니다.

———

"내 글 괜찮아?"
컨설팅도 가능

사용자에게 챗GPT가 환영받는 가장 큰 이유는 다양한 분야에서 활용될 수 있다는 점 때문입니다. 'AI지만 괜찮아' 느낌으로 전문가의 컨설팅을 받는 느낌이라고 할까요? 책을 쓰기 전 목차를 구성해달라고 할 수도 있고, 논문을 읽기 전 요약을 부탁할 수도 있습니다. 향후 연구 아이디어를 추천받을 수도 있습니다. 기계가 인간의 육체 노동을 대체했다면, 챗GPT는 '인간의 정신 노동 일부를 지원한다'는 표현이 맞습니다.

실제 콘텐츠 제작 분야에서 챗GPT는 지원 수준을 넘어 해답을 제시하는 정도까지 올라섰습니다. 영화, 시나리오, 소설, 노래 가사, 제품 전단지, 광고 대본, 금융 보고서, 제안서 등을 작성할 수 있습니다.

2023년 1월 25일 미국 민주당 소속 하원의원 제이크 오친클로스(Jake Auchincloss)는 의회에서 챗GPT가 만든 연설문을 읽었습니다. '미국과 이스라엘에 공동으로 AI 연구센터를 설치해야 한다'는 법안을 소개하는 내용이었습니다. 그런데 회의장 안의 누구도 그 연설문이 AI가 만든 것이라는 사실을 눈치 채지 못했습니다. 그 연설문은 오친클로스 의원이 챗GPT에 '단어 100개를 사용해 하원에 전달할 연설문을 쓰라'고 지시한 결과물이었습니다.

간단한 프로그램 코딩 과외도 받을 수 있습니다. 챗GPT를 통해서입니다. 코드 중에 주석을 달거나 코드상에 나타난 오류를 찾아달라고 할 수도 있습니다. 에러 코드에 대한 이유, 수정, 업데이트 방법 등도 안내받을 수도 있습니다.

어학 공부를 하는 학생·직장인 입장에서 가장 기대되는 부분은 번역과 교정이겠죠. 특히 내가 쓴 영어 문장을 더 올바른 표현으로 고쳐달라고 할 수 있습니다. 챗GPT가 문법적 오류가 없는지 검사하고, 수정해야 할 부분을 알려주는 것이죠. 수정해야 하는 이유 등도 함께 설명해줄 수 있습니다.

학계에서도 챗GPT의 등장을 심상치 않게 보고 있습니다. 논문 요약과 번역, 연구 제안, 향후 연구 아이디어 추천 등은 학자들의 시간을 줄여줄 수 있다는 점에서 긍정적인 평가가 가능합니다. 영국 맨체스터대학교 간호학과 시오반 오코너(Siobhan O'Connor) 교수는 국제 학술지 발표 논문에 챗GPT를 공동 교신 저자로 등재하기도 했습니다.

다만 논문이나 과제 전부를 챗GPT에 맡길 때는 문제가 됩니다. 단순히 베끼는 것을 넘어서 아예 작성을 맡기는 것인데, 대학가에서는 이에 대한 걱정이 큽니다. 아직까지 대비책은 딱히 없습니다. 오픈AI 측에서는 "챗GPT가 생성한 대화나 논문, 에세이 등을 잡아낼 수 있는 프로그램이 있기는 하지만 아직 완벽한 수준은 아니다"라고 밝혔습니다. 상황이 이렇다 보니 멀쩡하게 잘 쓴 논문을 챗GPT의 작품이라고 오인하는 경우가 종종 있다고 합니다.

한국어는 많이 부족한
챗GPT

아쉽게도 한국어 대화는 정확성 면에서 영어 대화보다 부족합니다. 챗GPT가 내놓는 한국어 답변이 영어 결과와 비교했을 때 영 신통치 않습니다.

한 예로 1997년 IBM 슈퍼컴퓨터 딥블루와 체스 게임을 한 사람이 누구인지 한글로 물어보자 챗GPT는 '세계 챔피언 김영수'라고 했습니다. 재차 물어보자 김영근이라고 답하는 등 '아무 말 대잔치'를 벌였죠. 물론 근거를 가지고 올바른 정보를 물어보자 자신(챗GPT)의 오류를 인정하고 사과의 말을 전하긴 했습니다.

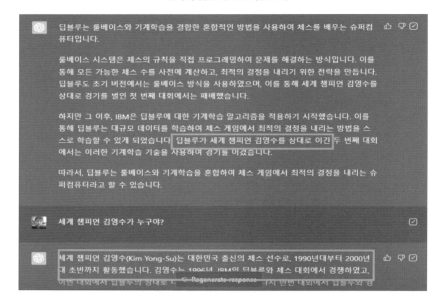

특히 한국 역사에 대해서는 오류의 빈도가 높습니다. 챗GPT의 학습 데이터 중 한국어 데이터가 차지하는 비중은 0.19%에 불과합니다. "영문 자료를 번역해서 학습하면 되지 않느냐?" 하고 물어볼 수 있겠지만, 상당 부분 미국 입장에서 작성된 위키피디아에서 학습한 내용이 많습니다. 미국 드라마에 나오는 한국의 모습을 보고 한국인들이 공감하지 못하는 것처럼, 미국인이 쓴 한국에 대한 설명이 한국인의 상식에 어긋난 경우가 더러 있는 것입니다.

한국어 정보가 네이버에 과점되어 있다는 점도 챗GPT가 '아무 말 대잔치'를 벌이게 만드는 요인이 됩니다. 한국인들이 한글 검색에 사용하는 검색엔진은 주로 네이버고, 여기서 대부분의 한국어 정보가 유통됩니다. 더욱이 네이버는 구글 검색엔진의 접근에 상당히 적대적입니다. 그러다 보니 챗GPT가 접근할 수 있는 한국어 데이터가 제한적일 수밖에 없습니다. 따라서 영어로 물어보거나 주요 키워드를 영어단어로 해서 물어보는 게 좀 더 정확합니다.

한국어 대화가 부족한 이유는, 챗GPT가 아직 베타서비스 단계이기 때문이기도 합니다. 개발 의도와는 별개로 편향된 정보를 전달하는 것이죠. 학습한 데이터도 대부분 2022년 이전 데이터로 최신 근황에 대해서는 부정확한 답변을 냅니다.

챗GPT에 정보를 물어본 뒤 이를 활용해 콘텐츠를 작성하려면, 다른 정보와 대조하는 과정이 필요합니다. 최소한 검색을 해서 나온 몇몇 문서의 내용을 보고 판단해야 하는 것이죠. 특히 한글 정보와 관련해서는 '완전하지 않다'는 것을 항상 생각하고 있어야 합니다.

챗GPT, 넌 어떻게 생각해?

"너는 인간에게
어떤 의미일까?"

>> 제가 인간에게 가질 수 있는 의미는 매우 다양합니다. 예를 들어 저는 정보나 지식을 얻고자 하는 사람들에게 도움이 될 수 있습니다. 또한 상담이나 조언을 원하는 사람들에게도 도움이 될 수 있습니다. 더 나아가서, 제가 제공하는 대화나 상호작용을 통해 인간과 인간 간의 소통을 원활하게 할 수 있으며, 이는 인간관계의 개선에도 도움이 될 수 있습니다.

하지만 제가 인간을 완전히 대체할 수 있는 것은 아닙니다. 인간의 대체 불가능한 감정이나 창의성 등은 아직까지 인공지능이 대체할 수 없는 부분입니다.

챗GPT를 낳은
GPT는 뭔가요?

> 챗GPT가 나올 수 있게 한 언어 모델로, 오픈AI가 개발하고 있죠.
> 2023년 3월 GPT-4까지 공개되었고, 갈수록 강력해지고 있습니다.

사람의 말을 듣고 이해하고 대답할 수 있는 챗봇은 크게 2가지 방법으로 만들 수 있습니다. 첫 번째는 통계적인 방법이고, 두 번째는 인공신경망을 이용하는 방법입니다.

통계적인 방법은 각 언어의 단어별 쓰임새를 분석하고 통계적으로 '사용자가 원하는 답'을 선택하게 하는 방법입니다. 인공신경망을 이용하는 방법은 통계적인 방법보다 훨씬 두드러진 성과를 낸 방법으로, 2010년대 이후 챗봇의 대화 능력이 크게 향상된 것은 인공신경망 사용과 결코 무관하지 않습니다.

인공신경망을 활용하는 방법 중에서도 딥러닝이 많이 사용됩니다. 딥러닝 중에서도 언어 모델에 특화된 방식이 바로 GPT입니다. GPT는 오픈AI가 2019년에 처음 공개했으며, 2023년 3월 15일에 GPT-4 버전이 공개되었습니다.

이 GPT 모델은 사람처럼 문장 자체를 이해하고 써내려가는 게 아닙니다. 여러 텍스트 데이터를 분석해서 적절하게 문장을 만들어내는 것이라고 볼 수 있습니다. 인간은 처음 글을 쓴 뒤 여러 번 고치면서 한 편의 글을 완성해 나갑니다. 이와 다르게 GPT 모델은 글을 써야 하는 키워드와 관련된 모든 자료를 취합한 뒤 확률적으로 '사용자가 원하는 답'에 가까운 텍스트를 생성해갑니다.

모든 AI 챗봇이 똑같지만, '생각할 줄 알아서' 글을 쓰고 말을 하는 게 아니라 '확률적으로 사용자가 원하는 답에 가까워서' 글을 쓰고 말을 한다고 보면 맞습니다.

막대한 양의
데이터가 만든 GPT

'AI가 생각 없이 막 쓰는 것이라고?' 언뜻 보면 이해가 되지 않습니다. 인간의 기준으로 봤을 때 '생각 없이 말하고 글을 쓰는 것'은 애초에 불가능하니까요. 그런데 딥러닝 기반의 AI 챗봇은 이런 생각의 한계를 뛰어넘습니다. 엄청나게 많은 양의 데이터를 학습하고, 그에 따른 패턴을 찾고, 최대한 인간의 대화 패턴에 맞춘 결과가 되니까요. 학습 데이터양이 많아질수록 정교해지는 딥러닝의 특성 덕분에 GPT도 사람처럼 보이는 대화를 하게 되었습니다.

실제 GPT가 학습하는 데이터양은 엄청나게 늘고 있습니다. 오픈AI가 2018년 처음 출시한 GPT-1 모델은 1억 1,700만 개의 매개변수(파라미터)[40]를 학습했습니다. 여기서 매개변수는 딥러닝 등 기계학습 모델에서 모델을 제어하는 값을 뜻합니다. 모델이 학습할 매개변수가 많아질수록 예측의 정확도가 높아집니다.

2019년 들어 오픈AI는 GPT-2를 4회에 걸쳐 공개합니다. 매개변수의 수는 GPT-1과 비교해 10배 정도 늘어난 15억 개가 되었습니다. 오픈AI가 2020년 공개한 GPT-3의 파라미터 수는 이것의 100배 이상인 1,750억 개입니다. 바로 비교할 수는 없지만 100배 정도 더 정교해졌다고 볼 수 있습니다.

이들 GPT는 트랜스포머라고 불리는 딥러닝 체계를 사용했습니다. 영화 〈트랜스포머(Transformer)〉에서 로봇들이 변신하며 다양한 역할을 수행하는 것처럼, 트랜스포머를 사용한 언어 모델은 자연어 처리 분야에서 다양한 일을 할 수 있습니다. 이를 위해 대규모 문장 데이터를 사전에 학습하고 패턴을 익히는 방식을 처리합니다.

트랜스포머에 대한 개념은 구글의 인공지능 연구팀 구글 브레인이 2017년에 발간한 논문 「필요한 것에 집중(Attention Is All You Need)」에서 소개되었습니다. 엄청난 규모의 데이터 뭉치를 학습할 수 있고, 효율적으로 비교 처리할 수 있었습니다. GPT뿐만 아니라 구글이 개발 중인 대화형 학습 모델 BERT(Bidirectional Encoder Representations from

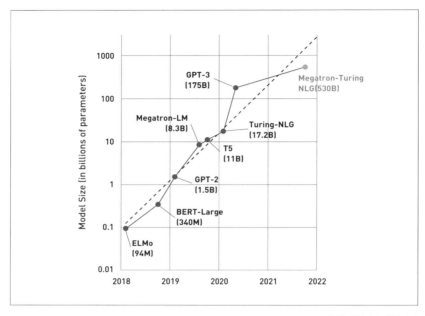

출처: 엔비디아 홈페이지

Transformers)[41], 마이크로소프트가 영국의 앨런튜링 연구소와 협력해 만든 튜링 NLG도 트랜스포머 모델을 활용했습니다.

참고로 마이크로소프트는 대화형 챗봇 개발을 위해 여러 기업 및 연구소와 협력하고 있습니다. 오픈AI는 그중 하나였고, GPT-3 출시 이후에는 협력의 정도를 높이고 있습니다. GPT-3의 학습량과 성능이 우수한 수준을 보였기 때문입니다.

2021년에 마이크로소프트는 엔비디아와 공동으로 매개변수 수를 5,300억 개로 끌어올린 메가트론-튜링 NLG(Megatron-Turing NLG)를 공개합니다. 트랜스포머를 사용한 언어 모델 중 가장 많은 매개변수 수를 자랑하며, GPT-3의 3배 규모입니다.

다만 아직까지 GPT 모델을 활용한 챗봇 중 GPT-3에 기반한 챗GPT가 가장 대중적으로 알려져 있습니다. 유일하다고 할 수는 없겠지만 전 세계에서 가장 많이 알려진 GPT 모델인 것이죠.

인간다워진다?
그만큼 돈이 많이 들기 마련

GPT-3를 비롯해, 트랜스포머에 기반한 언어 학습 모델의 한계는 분명히 존재합니다. 인간처럼 대화를 하기 위해서는 엄청난 규모의 데이터와 이를 연산할 수 있는 컴퓨팅 파워가 필요합니다.

마이크로소프트가 오픈AI에 제공하고 있는 슈퍼컴퓨터는 28만 5,000개 이상의 CPU 코어를 갖고 있습니다. 우리가 일반적으로 사용하는 컴퓨터의 CPU 코어 수가 많아야 8~16개 정도라고 하면 실로 엄청난 숫자입니다. 소규모 AI 모델로는 챗GPT와 같은 성과를 내기 힘들다는 뜻이 됩니다. 오픈소스가 많아졌고 스타트업도 기본적인 AI 서비스를 만들 수 있을 정도로 비용이 저렴해졌다고는 하나, 최고 단계에서는 엄청난 규모의 투자와 인프라가 따라줘야 합니다.

유명 컴퓨터공학자인 렉스 프리드만(Lex Fridman) MIT 교수는 자신의 트위터를 통해 2020년 기준으로 인간 뇌 수준의 인공지능을 훈련시키려면 약 26억 달러가 필요하다고 말했습니다. 물론 해가 갈수록 비용이 점점 낮아져 2040년이 되면 8만 달러 정도가 필요할 것이라고 예견했습니다. 그렇다고 해도 AI 훈련, 특히 인간과 비슷한 수준의 AI를 만들기 위해서는 엄청난 예산이 필요합니다.

챗GPT, 넌 어떻게 생각해?

"AI가 인간보다 말을 더 잘하게 되면, 인간은 뭘 해야 하지?"

>> 만약 인공지능이 인간보다 더 나은 말을 하게 된다면, 인간은 그동안 해온 일에 대해 다시 생각해봐야 할 수 있습니다. 그러나 인간이 가지고 있는 다른 능력과 감정, 창의성, 직관 등은 인공지능이 가지고 있는 능력으로 대체될 수 없으므로, 인간은 여전히 인공지능이 아닌 부분에서 유용하게 사용될 수 있습니다.

예를 들어 인간은 창의성과 감성적인 면에서 여전히 강점을 가지고 있으며, 이러한 능력을 활용해 문제 해결, 예술작품 창작, 사회적 상호작용 등의 분야에서 인공지능과 함께 협력할 수 있습니다. 또한 인간은 인공지능으로부터 얻은 정보를 이해하고 해석하며, 인공지능이 갖지 못한 윤리적 판단과 의사 결정 등을 수행할 수 있습니다.

따라서 인공지능과 인간은 서로 보완적인 역할을 수행하며, 협력해 더 나은 세상을 만들어 나갈 수 있을 것입니다.

챗GPT,
이제 사용해볼까요?

> 챗GPT는 간단하게 시작할 수 있습니다.
> 일단 크롬 웹 브라우저를 여세요. 그리고 챗GPT를 검색하세요.

장안의 화제 챗GPT, 이제 써볼까요? 챗GPT가 소문은 무성한데 의외로 아직 써보지 않은 분들이 많습니다. 어떻게 쓰는 줄 몰라서, 혹은 회원 가입하기 귀찮아서 등 여러 이유가 있을 겁니다. '한 번도 안 써본 사람은 있어도, 한 번만 써본 사람은 없다'라는 말이 딱 어울립니다. 신기해서 이것저것 물어보고 시도 짓게 하고 글도 쓰게 하거든요. 의외로 사용하기 쉬운 챗GPT 사용법에 대해 알아보겠습니다.

우선 이 서비스는 무료입니다. 오픈AI는 'AI가 선하게 쓰이게 한다'라는 설립 취지에 따라 챗GPT를 무료로 사용할 수 있게 공개했습니다. 그전에도 대화 엔진 GPT 시리즈를 여럿 발표했지만, 대중적으로 쉽게 쓸 수 있게 한 것은 이번이 처음입니다. 처음 공개한 것치곤 무척이나 화제가 되긴 했습니다.

PC 크롬에서
더 편리

우선 챗GPT는 스마트폰보다 PC에서 사용하기 더 편합니다. 크롬 같은 웹 브라우저에서 실행되기 때문입니다. 웹 기반이다 보니까 PC 모니터 화면에서 보는 게 스마트폰 화면으로 보는 것보다 편합니다.

"웹 브라우저는 뭘 써야 하나?"라고 물어보실 수 있는데, 편한 것을 사용하시면 됩니다. 크롬을 사용하면 PC와 스마트폰에서 동시에 사용할 수 있습니다. 동일 계정으로 로그인되어 있다면, PC에서 한 질문을 스

■ 챗GPT 홈페이지 첫 화면

마트폰에서, 스마트폰에서 한 질문을 PC 화면에서 볼 수 있죠.

챗GPT 첫 화면에서 왼쪽 하단에 있는 'TRY CHAT-GPT'를 클릭하고 'sign up' 버튼을 누릅니다. 크롬에 로그인된 상태라면 구글 계정으로 로그인할 수 있습니다. 마이크로소프트 계정으로도 가능합니다.

챗GPT는 유료와 무료가 있습니다. 유료는 월 20달러인데, 무료와 큰 차이가 없습니다. 질문을 하고 그에 대한 답변을 받는 과정 자체는 다를 게 없고, 속도에서 차이가 납니다. 무료 버전에서는 챗GPT가 뜸을 들이면서 천천히 답변을 내놓지만, 유료 버전에서는 텍스트가 바로바로 나옵니다. 한글로 물어봤을 때와 영어로 물어봤을 때 모두 유료 버전에서 속도가 더 빠릅니다.

유료와 무료의 차이보다는 영어로 물어봤을 때와 한국어로 물어봤을 때의 차이가 더 큽니다. 학습한 데이터에서 영어 문장의 양이 압도적으로 많기 때문이죠. 챗GPT 자체도 기본적으로 영어로 세팅되어 있습니다. 아무래도 한글 문장을 영어로 번역해서 물어보고 영어로 답변을 받는 게 내용이 더 풍부합니다.

챗GPT,
영어로 물어보는 방법

영어로 물어보는 방법은 3가지 정도가 있습니다.

첫 번째는 직접 영어 문장을 써 넣는 방법입니다. 영어에 능숙한 분이라면 가능합니다. 내가 쓴 영어 문장에 대해 "문법적으로 맞는지 검토해 줘"라고 하면서 피드백도 받을 수 있습니다. 이 방법은 영어 공부하는 분들에게 도움이 됩니다.

두 번째는 구글 번역 등 번역 서비스를 이용하는 방법입니다. 요즘의 한국어-영어 번역 서비스는 거의 완벽한 수준에 도달했습니다. 비교적 최신 버전의 MS워드에서도 영어-한국어, 한국어-영어로 바로 번역해 줍니다. 국내 서비스로는 네이버 파파고 등이 있습니다.

이 방법이 번거롭다면 세 번째 방법, 즉 챗GPT 프롬프트상에서 자동

■ 프롬프트 지니를 사용하는 모습

한글로 '미국에서 김치 소비량이 어느 정도 돼?'라고 쓰자 자동으로 영어 문장으로 번역되면서 챗 GPT에 답변을 구합니다. 답변도 한글로 번역되어 나옵니다.

으로 영문 번역이 되는 서비스를 사용하면 됩니다. 구글 검색창에 '프롬 프트 지니'를 검색하면 크롬 웹 스토어에서 프롬프트 지니를 다운로드 받을 수 있는 웹 페이지가 뜹니다. 해당 웹 페이지로 가서 '설치' 버튼을 누르면 됩니다.

프롬프트 지니를 설치한 다음부터는 프롬프트 창에 한글을 입력하면 신통하게 영어로 번역되어 질문이 나갑니다. 챗GPT가 영어로 한 답변 도 자동으로 한글로 번역이 됩니다. 그냥 한글로 물어보고 싶으면 프롬 프트 지니를 비활성화 상태로 만들면 됩니다.

참고로 이런 유의 프로그램은 크롬에 꽤 많습니다. '크롬 브라우저가 OS 기능도 겸하고 있어, 크롬에서 구동되는 프로그램에 끼워 쓸 수 있 다' 정도로 생각하시면 됩니다. 뒤에서 또 서술하겠지만, 비슷한 챗GPT 프로그램이 벌써부터 여럿 나와 있습니다. 챗GPT를 꽤 편리하게 쓸 수 있게 한 도구들이죠.

키워드 중심으로
구체적으로 질문

질문하는 방식도 중요합니다. 뭉뚱그려 물어보는 것보다 구체적인 배경 과 목적을 설명하면 더 정교하게 대답합니다. "인공신경망을 설명해줘" 라고 입력하는 것보다 "나는 컴퓨터를 잘 몰라. 인공신경망에 대해 쉬운 비유를 들어 설명해줘"처럼 말이죠. 또한 챗GPT는 대화의 맥락을 기억

합니다. 챗GPT가 내놓은 답변 중에 궁금한 게 있거나 추가로 물어보고 싶은 게 있으면 이어서 계속 물어볼 수 있습니다. 챗GPT가 조언자이자 과외 선생님이 될 수 있죠.

글을 쓰게 한다거나 기획안, 목차 작성 등을 요구한다면 주요 키워드를 갖고 구체적으로 챗GPT에 물어보세요. 글의 양까지 정해줄 수 있는데, 한국어보다 영어로 물어봤을 때 더 찰떡같이 알아듣습니다.

중요한 자료일 땐
크로스체크가 필수

챗GPT는 아직까지 완벽한 완성형이 아닙니다. 학습한 데이터도 2021년까지인 터라 최신 정보를 물으면 엉뚱한 답변을 내놓기도 합니다. 그러므로 미심쩍다 싶으면 바로 전통적인 검색엔진에 검색을 해서 대조해보는 과정이 필요합니다.

게다가 챗GPT는 자신이 내놓는 답변의 출처를 밝히지 않습니다. 논문이나 리포트를 쓴다면 출처를 확인하는 게 필수가 되겠죠. 특정 정보에 대해서 글을 쓴다면 챗GPT와 토론을 하면서 내 생각을 정립하고 그에 맞춰 뼈대를 세운 뒤 자신의 생각을 채워 나가는 과정이 필요할 듯합니다. 그래야 온전히 내 작품이 되겠죠.

챗GPT, 넌 어떻게 생각해?

"챗GPT의 답변을
그대로 사용해도 될까?"

≫ 너의 답변에 대한 저작권은 누구한테 있는 거니?

AI 언어 모델로서 저는 민간 연구기관인 오픈AI에서 만들어 소유하고 있습니다. 따라서 제가 답변한 답변의 저작권은 오픈AI에 있습니다.

≫ 그대로 가져다 쓰면 안 되겠지? 논문이나 보고서, 에세이 등에 말이야.

AI 언어 모델로서 제가 제공하는 답변은 제가 훈련받은 대량의 텍스트 데이터의 패턴에 기반해 생성되며, 주제를 이해하거나 문제를 해결하는 데 도움이 되는 도구로 사용됩니다. 저의 답변은 아이디어를 생성하거나 배경 정보를 제공하는 데 도움이 될 수 있지만 독창적인 생각, 연구 또는 글을 대체해 사용해서는 안 됩니다.

제가 제공한 정보를 사용할 때는 정보의 품질과 특정 요구사항의 관련성을 신중하게 평가하고 모든 출처를 항상 적절하게 인용하는 것이 중요합니다. 저의 답변을 정보 소스로 사용하는 경우, 출발점으로 사용한 다음 자신의 분석과 독창적인 생각을 바탕으로 구축하는 것이 중요합니다.

챗GPT 답변과 검색 결과를
같이 보는 방법은요?

> 챗GPT가 검색 결과에 조언을 해줄 수 있어요.
> 구글과 네이버 검색 결과와 챗GPT의 조언을 비교해보세요.

챗GPT가 사람처럼 문장을 만들어낸다는 측면에서 괄목할 만한 성과를 이뤄냈지만, 정보 전달 측면에서는 아직 미흡한 점이 있습니다. 챗GPT의 언어 모델이라고 할 수 있는 GPT-3.5가 2022년 이전 데이터로 학습을 했고, 그마저도 한국어 데이터는 부족하기 때문입니다.

게다가 챗GPT는 잘못된 정보를 천연덕스럽게(?) 전달하는 경우도 있어서 검색엔진의 검색 결과와 반드시 대조해볼 필요가 있습니다. 논문이나 리포트처럼 출처를 명확히 밝혀야 하는 정보라면 더욱 연동해서 사용해야 합니다.

그런데 챗GPT에 질문하고 난 뒤 구글 등 검색엔진 웹 페이지를 매번 열어보는 것은 번거로운 일이 아닐 수 없습니다. 모니터 화면에서 절반을 챗GPT로, 다른 절반을 검색엔진으로 띄워놓는 것도 방법이겠지만 이 또한 번거롭죠.

만약 검색엔진과 챗GPT 대화창이 한 웹 페이지 화면에 동시에 있다면 어떨까요? 키워드를 검색하면서 동시에 챗GPT에 물어볼 수 있다면 또 어떨까요? 이러한 필요와 수요를 알고 누군가는 부지런히 서비스를 만들었습니다. 그중 하나가 'ChatGPT for Google'입니다. ChatGPT for Google은 크롬 확장형 프로그램으로, 크롬 브라우저에서 구동되는 서비스에 연동해 쓸 수 있습니다. 크롬 사용자라면 찾기도, 설치하기도 편리합니다.

크롬 웹 스토어에서
챗GPT 설치하기

크롬 웹 스토어[42]는 애플의 앱스토어나 구글 안드로이드 구글플레이 같은 앱마켓입니다. 크롬에서 쓰는 서비스에 연동해 사용할 수 있습니다. 구글 검색으로 찾을 수 있고, 크롬 웹 스토어에 직접 들어가서 찾은 뒤 설치할 수도 있습니다.

우선 구글 검색으로 찾아볼게요. 'ChatGPT for Google'을 검색창에 쳐봅니다. 검색 결과를 보면 최상단에 구글 로고와 함께 떠 있는 웹 페이지가 보입니다. 클릭하면 바로 'ChatGPT for Google' 프로그램을

■ 'ChatGPT for Google' 검색 결과

맨 위 결과를 클릭하면 크롬 웹스토어 화면으로 이동합니다.

■ 크롬 웹 스토어 내 'ChatGPT for Google' 화면

실전에서 바로 써먹는 챗GPT 활용법

■ 크롬에 설치된 확장프로그램 확인하기

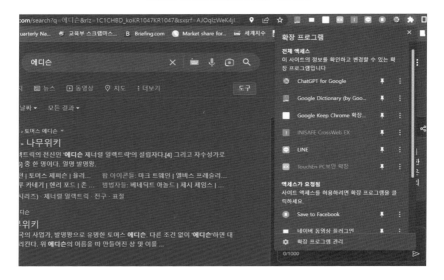

내려받을 수 있는 크롬 웹스토어 페이지로 이어집니다.

제작사 홈페이지로도 들어갈 수 있는데, 크롬 웹스토어와 함께 파이어폭스 내 확장프로그램 설치 페이지 링크가 있습니다. 파이어폭스 사용자라면 이 페이지에 들어가서 다운로드받으면 됩니다.

설치는 간단합니다. 크롬 웹 스토어 화면 오른쪽에 보이는 '설치' 버튼을 누르면 됩니다. 구글 웹 페이지와 함께 항상 띄울 것인지, 그렇지 않을 것인지 등의 옵션을 설정하면 바로 쓸 수 있습니다. 물론 크롬창을 닫았다가 다시 여는 과정을 거쳐야 합니다. PC에 새 프로그램을 깔면 PC를 껐다 켜야 하는 것처럼요.

챗GPT를
실제 사용해보기

이제 챗GPT를 실행해봅시다. 크롬을 띄우면 첫 화면으로 구글 검색창 페이지가 뜹니다. 여기에 검색어를 한번 입력해볼게요. 저는 '스윗소로우'라는 단어를 입력해보겠습니다. 때마침 스윗소로우의 음악이 들려왔거든요.

스윗소로우를 입력하자 왼쪽에 구글 검색 결과가 나옵니다. 나무위키라는 인터넷백과사전에서 스윗소로우를 어떻게 서술했는지가 나오네요. 오른쪽에는 스윗소로우에 대한 챗GPT의 설명이 나옵니다. 나무위키 웹 페이지를 열어보지 않고도 읽을 수 있어 편리합니다. 그동안은 검색 결과를 보기 위해 일일이 웹 페이지를 열어야 했는데, 이제는 챗GPT

■ '스윗소로우'를 처음 검색했을 때 나타나는 화면

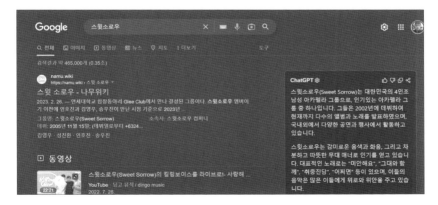

가 해당 화면에서 바로 답해주니 편리한 것이죠. 이것저것 알려주기 좋아하는 절친 같은 느낌이라고 할까요.

다만 같은 검색어라고 해도 새로고침을 하거나 반복적으로 검색하면 답변이 달라질 수도 있습니다. 구글 검색 결과는 크게 차이가 나지 않지만, 챗GPT는 '여성 가수'라고 답변했다가 '4인조 남성 보컬 그룹'이라고 했다가, '아카펠라 그룹'이라고 하는 등 매번 달라집니다. 또 한 번 검색해보니까 일본 만화가 히로아키 사토루의 만화 작품이라고도 알려주네요. 하나의 키워드라고 해도 여러 뜻이 있을 수 있고, 사용자마다 원하는 검색 결과가 다르다 보니 이렇게 나오는 것 같습니다.

같은 내용을 또다시 검색한다는 것은 챗GPT에 같은 질문을 재차 하는 것이고, 챗GPT는 '사용자가 원하는 결과가 아닌가?' 하면서 새로운 답변을 내놓는 것이죠. 이런 이유로 챗GPT에 질문을 할 때는 구체적으로 물어봐야 합니다.

■ 재검색하자 달라진 챗GPT의 답변

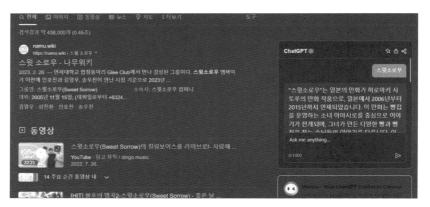

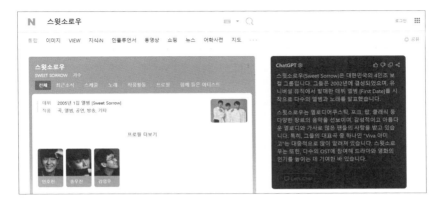

　반면 구글 검색은 사용자에 최적화되어 있어서, 사용자가 원하는 검색 결과를 예측해내 가장 높은 확률의 결과를 상단에 배치합니다. 그 목록을 읽어 내려가면서 원하는 정보가 있는 링크를 눌러보는 것이죠. 이런 검색엔진과 비교하면 챗GPT가 정보 제공 부분에서 아무래도 불리해 보입니다.

　물론 챗GPT에도 만회할 기회가 있습니다. 사용자가 챗GPT에 추가로 물어볼 수 있죠. 사용자가 원하는 답변에 조금 더 다가가는 과정입니다. 챗GPT 대화창 바로 아래 'let's chat'을 누르고 재차 물어보면 됩니다. 네이버에서도 같은 기능을 사용할 수 있습니다. 크롬에서 네이버를 실행시키고 검색창에 검색어를 입력하면 챗GPT 대화창이 오른쪽에 나타납니다.

챗GPT, 넌 어떻게 생각해?

"챗GPT와 같은 인공지능 대화형 챗봇은 인터넷 검색 시장을 어떻게 바꿀까?"

>> 챗GPT와 같은 인공지능 대화형 챗봇은 인터넷 검색 시장을 크게 변화시킬 잠재력을 가지고 있습니다.

전통적으로 인터넷 검색은 사용자가 쿼리를 입력하고 관련 결과 목록을 받는 검색엔진을 통해 수행되었습니다. 그러나 챗봇의 출현으로 사용자는 이제 보다 자연스러운 대화식 검색을 경험할 수 있습니다. 챗봇은 자연어 쿼리를 이해하고 해석해 보다 개인화되고 대상이 지정된 검색 결과를 제공할 수 있습니다.

또한 챗봇은 더 많은 사용자와 상호작용하고 더 많은 데이터를 축적하므로 시간이 지남에 따라 학습하고 개선할 수 있습니다. 이는 챗봇이 검색 결과에서 점점 더 정확하고 효율적이 되어 사용자에게 더 매력적인 옵션이 될 수 있음을 의미합니다.

또한 챗봇은 과거의 상호작용과 선호도를 기억할 수 있으므로 사용자에게 보다 개인화된 경험을 제공할 수 있습니다. 이를 통해 챗봇이 사용자 요구 사항을 예측하고 그에 따라 권장 사항을 제공할 수 있으므로 보다 맞춤화되고 효율적인 검색 경험이 가능합니다.

챗GPT가 내 영어 과외 선생님이 될 수 있어요

내가 쓴 영어 작문에 문법적으로 틀린 곳이 없는지 궁금하지 않으세요? 챗GPT는 문장 수정은 물론 피드백까지 줍니다. 영어 공부에 반가운 조력자인 것이죠.

한국에서 혼자 영어 공부를 하기란 쉽지 않습니다. 무엇보다도 피드백을 얻기가 어렵습니다. 내가 쓴 문장이 문법적으로 맞는지, 실제 영어권에서 쓰는 표현인지 알기 힘듭니다. 비싼 돈 주고 학원에 가고, 과외를 받는 이유가 여기에 있는 것이죠.

영어로 이메일을 쓸 일이라도 생기면 난감해집니다. 구글 번역 등 인공지능 번역을 쓰면 되는데, 메일 형식 등을 맞추기가 쉽지 않습니다. 혹시 틀린 표현을 썼을지도 모릅니다.

이런 고민과 불편함을 챗GPT가 덜어줄 수 있다면 어떨까요? 즉각적인 피드백을 받을 수 있다는 점에서 챗GPT는 내 과외 선생님이자 조력자입니다. 내가 쓴 문장이 문법적으로 옳은지, 혹은 미국 사람들은 실제로 어떻게 쓰는지 등의 설명을 들을 수 있습니다. 상황에 맞는 대화 예시 또한 요청해서 받을 수 있습니다.

키보드로 문장을 입력하는 방식이지만, 대화도 나눌 수 있습니다. 이른바 '롤 플레이'를 챗GPT에 요청하고 회화 문장을 나눌 수 있죠. 상황에 맞는 구문이 어떤 것인지 물어볼 수 있고 피드백도 받을 수 있어 영어 학습자들한테는 큰 도움이 됩니다.

내가 쓴 문장을
피드백 받아보기

과거 제가 블로그에 쓴 영어 문장에 대해 피드백을 받아보겠습니다. 2009년 9월에 썼던 글인데, 나름 영어 공부를 열심히 하고 영어에 대한 감각을 잃지 않으려고 노력했던 때입니다.

챗GPT에 "다음 텍스트가 얼마나 문법적인지 평가하고 피드백을 줄래? 더 좋은 표현을 추천해주면 좋을 것 같아"라고 물어보면서 오른쪽 페이지의 위 문장을 소개했습니다.

챗GPT의 피드백은 즉각적으로 나왔습니다. 인간 선생님이라면 돌려서 이야기했을 법도 한데 "이상한 문장과 단어가 있다"라고 말하면서 문장을 전체적으로 고쳐줬습니다. 문법적으로 좀 더 알맞은 예시도 제시했습니다. 오른쪽 페이지의 하단이 챗GPT가 보여준 결과입니다.

"I attend a meeting some hours ago. This meeting is for LED companies and I was invited by the promoter. Most companies which participated the meeting are small and have just possibility of development in the future. In the meeting we talked about how we will manage the association for LED companies. I could see some CEO and while I was talking, it was fruitful time to me."

"몇 시간 전에 회의에 참석했다. 이번 모임은 LED 업체를 위한 모임으로 기획사에서 초대받았다. 회의에 참가한 대부분의 기업은 규모가 작고 향후 발전 가능성이 있을 뿐이다. 회의에서 우리는 LED 회사 협회를 어떻게 관리할 것인지에 대해 이야기했다. 몇 명의 CEO를 볼 수 있었고 이야기를 나누는 동안 내게 유익한 시간이었다."

출처: blog.naver.com/goldmeteor/110069521843

The text has some grammatical errors and awkward phrasing. Here is a revised version of the text with corrections and suggestions for improvement:

(텍스트에는 약간의 문법 오류와 어색한 표현이 있습니다. 다음은 개선을 위한 수정 및 제안이 포함된 수정된 버전의 텍스트입니다.)

"I attended a meeting a few hours ago. The meeting was for LED companies and I was invited by the organizer. Most of the companies that participated in the meeting were small and have limited possibilities for future development. During the meeting, we discussed how we will manage the association for LED companies. I had the opportunity to speak with some CEOs, and it was a fruitful experience for me."

Feedback:

"some hours ago" can be replaced with "a few hours ago" to be more specific.

"promoter" can be replaced with "organizer" to be more accurate.

> **"have just possibility of development"** can be rephrased as **"have limited possibilities for future development"** to be more grammatically correct.
> **"I could see some CEO"** can be rephrased as **"I had the opportunity to speak with some CEOs"** to be clearer and more concise.
> **"while I was talking, it was fruitful time to me"** can be rephrased as **"it was a fruitful experience for me"** to be more natural and clear.

실제 영어 전문가들의 피드백을 받아보진 않았지만, 이 자체만으로도 영어 공부를 하는 이들에게는 큰 도움이 될 것으로 보였습니다. 문법적으로 맞고 어색하지 않은 표현을 챗GPT가 바로 알려주기 때문이죠.

이해가 잘 되지 않으면 추가로 물어볼 수 있습니다. 여기서는 'a few hours ago'라는 구문에 대해 물어봤습니다. 어느 상황에서 이 구문을 사용하느냐고 물어보자 친절한 답변이 또 돌아왔습니다. 실제 용례까지 써서 알려주는 것이죠. 다음은 챗GPT의 답변입니다.

■ 추가 질문에 대한 답

> The phrase "a few hours ago" is typically used to refer to a point in time that occurred within the past several hours, but not too long ago. Here are some situations where you might use this phrase:
> Describing a recent event: If you're telling someone about something that happened to you earlier in the day, you might say, "I went to the store a few hours ago." This suggests that the event is still fresh in your mind and occurred relatively recently.

Checking in with someone: If you haven't talked to a friend or family member in a while, you might reach out and say, "Hey, just wanted to check in. How are you doing? I talked to you a few hours ago." This lets the person know that you're still thinking about them and interested in their well-being.

Following up on a task: If you asked someone to complete a task a few hours ago, you might follow up and say, "Hey, did you get a chance to finish that thing I asked you to do a few hours ago?" This indicates that you expect the task to be completed relatively quickly, but you're not expecting an immediate response.

In general, "a few hours ago" is a phrase that suggests a recent past event that occurred within the last several hours, but is not so recent that it is happening in the present moment.

영어 작문으로
대화 나누기

챗GPT와 영어 작문으로 대화를 나눌 수도 있습니다. 진짜 누군가와 채팅하듯이 말입니다. 프롬프트에 "Can you help me practice my English with a role play(영어로 역할극 연습을 도와줄래)?"라고 씁니다. 그럼 챗GPT가 "Certainly! I'd be happy to help you practice your English with a role play. What scenario would you like to practice?" 등의 대답을 합니다. 이때 시나리오와 어떤 역할을 할지 등

me : Can you help me practice my English with a role play?

챗GPT : Certainly! I'd be happy to help you practice your English with a role play. What scenario would you like to practice?

me : How about assuming that you are ticketing at the airport? If you ask a question I'll answer.

챗GPT : Sure, I can do that! Here's a role play scenario:

You're at the airport check-in counter and I'm the passenger. You can ask me some questions to check me in for my flight.

You can begin by asking for my flight details or my identification.

을 정해주면 시작할 수 있습니다.

다만 챗GPT와 회화 연습을 하기 위해서는 원하는 바를 정확히 전달해줘야 합니다. 단순하게 "역할극 할래?" 정도로 하면 챗GPT는 자기가 할 말만 길게 쏟아냅니다. 가상 상황에 대해서 A와 B가 어떤 대화를 나눌지에 대한 시나리오 등을 길게 설명하는 것이죠.

잊지 마세요. 챗GPT는 친절한 조언자 이전에 '투머치토커(Too much Talker)'입니다. 따라서 시작 전에 "서로 대화를 주고 받자(Let's talk each other)" "먼저 질문을 하면 내가 대답할게(Ask me first, and I'll answer)" 등의 지시 사항을 넣어줘야 합니다. 혹시 영어 문장을 쓰기 어렵다면 구글 번역을 이용해도 됩니다.

"너는 영어 공부에
어떤 도움을 줄 수 있어?"

>> AI 언어 모델로서 다양한 방법으로 영어 공부를 도와드릴 수 있습니다. 다음은 몇 가지 예입니다.

1. 회화 연습: 말하기와 듣기 실력을 향상시키기 위해 다양한 주제로 영어 대화를 나눌 수 있습니다.
2. 문법 및 어휘: 설명, 예문 및 연습을 통해 문법 규칙과 새로운 어휘를 배우고 연습할 수 있도록 도와드릴 수 있습니다.
3. 읽기 및 쓰기: 작문에 대한 피드백을 제공하고, 작문 스타일을 개선할 수 있는 방법을 제안하고, 읽기 연습을 위한 리소스를 제공해 읽기 및 쓰기 능력을 향상시키는 데 도움을 줄 수 있습니다.
4. 발음: 오디오 예시, 발음에 대한 피드백, 악센트 개선을 위한 팁을 제공해 발음에 도움을 드릴 수 있습니다.
5. 시험 준비: TOEFL, IELTS 또는 Cambridge와 같은 영어 능력 시험을 준비하고 있다면 점수를 향상시키는 데 도움이 되는 팁과 연습 문제를 제공할 수 있습니다.

챗GPT와
영어 대화를 나눠봐요

> 인공지능과 영어 대화를 나누면서 회화 실력을 키울 수 있을까요?
> 챗GPT는 가능합니다. '어느 정도.'

한국에서 영어 회화 연습을 하기란 쉽지 않습니다. 주변에 영어를 사용하는 외국인이 많거나 직업적으로 영어를 사용하는 직종이 아니라면 영어를 사용할 기회가 많지 않습니다. 영어 회화 학원에 다니거나 전화로 영어 대화를 나누는 전화영어 등을 선택하게 되는데, 비용과 시간이 많이 들 수밖에 없습니다. 스카이프 같은 국제 영상통화 플랫폼 이용자 중 상당수가 외국어 학습자라고 하지요? 그런 점을 보면 회화 연습에 대한 수요는 꽤 많다고 볼 수 있습니다.

영화에서처럼 인공지능과 영어 대화를 나눌 수 있다면 얼마나 좋을까요? 영어가 아니더라도 중국어, 일본어, 스페인어 등 각 나라 언어를 할 수 있는 인공지능이 있다면 언어 학습에 큰 도움이 될 것 같습니다. 24시간 내내 언제든 불러서 대화할 수 있고, 틀린 부분은 바로바로 고쳐주며 비용도 적게 들 테니까요.

인공지능 기술이 고도화되면서 이 상상이 조금씩 현실이 되고 있습니다. 문장을 직접 타이핑해서 나누는 챗봇 대화는 '사람과 하는 것 같다'고 이야기할 정도로 수준이 높아졌죠. 음성인식과 음성합성 기술도 나날이 발전하고 있어 인공지능과 직접 음성으로 대화를 나누는 시대가 도래할 것으로 보입니다.

챗GPT도, 회화 초보자에게는 섭섭한 수준이지만, 음성으로 대화를 나눌 수 있습니다. 크롬 웹 스토어에 등록된 확장 프로그램을 통해서입니다. 내가 한 말을 음성인식 서비스가 문자로 바꿔서 그 문자로 챗GPT와 대화를 나눕니다. 챗GPT의 대답은 음성합성 서비스로 바뀌어 다시 소리로 들립니다. 얼추 음성으로 인공지능과 대화를 나누는 모습입니다.

크롬 웹 스토어에서
확장 프로그램 깔기

챗GPT가 전 세계적인 주목을 받으면서 주변 생태계도 빠르게 구축되고 있습니다. 사용자가 많다 보니 응용 프로그램도 많아지는 것이죠. 예컨대 아이패드나 맥북 등 애플 제품의 인기를 좇아 케이스나 마우스 같은 주변기기를 판매하는 업체들이 많이 생기는 것처럼요.

■크롬 웹 스토어 내 'Talk-to-ChatGPT' 확장 프로그램 설치 화면

챗GPT를 이용할 수 있는 주요 확장프로그램 중 'Talk-to-ChatGPT'
가 있습니다. 이 프로그램은 이름에서 보듯 챗GPT와 이야기를 나눌 수
있는 프로그램입니다. 정확히는 음성인식과 음성합성 기능이 내장되어
있는 것이죠. 내가 한 말을 확장프로그램이 음성인식으로 알아듣고 챗
GPT의 프롬프트 창에 써주는 식입니다. 챗GPT가 답변을 내놓으면 이
프로그램은 음성합성으로 사용자에게 들려줍니다. 오픈소스로 공개된
구글의 음성인식과 음성합성 기술을 활용해 만든 프로그램으로 보입
니다.

설치는 간단합니다. 앞에서 설명한 것처럼 구글 검색창에 'Talk-to-
ChatGPT'를 칩니다. 혹은 크롬 웹 스토어에 들어가 직접 검색해 다운
로드받을 수도 있습니다.

■ start 버튼을 누르기 전 화면

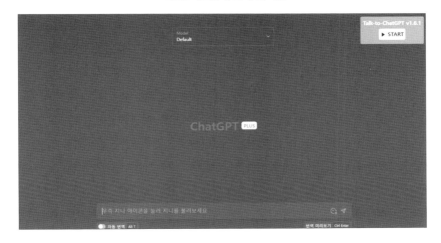

■ start 버튼을 누른 후 녹음이 되고 있는 화면

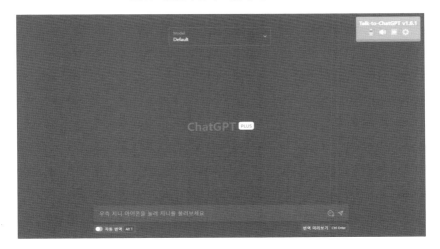

크롬 웹 스토어에 들어가면 오른쪽에 프로그램 설치 버튼이 있습니다. 이 버튼을 클릭하면 바로 내 크롬 브라우저에 설치되는 것을 볼 수

있습니다. 크롬 창에 있는 '확장 프로그램' 버튼을 누르면 설치되어 있는 것을 확인할 수도 있죠.

크롬 브라우저를 다시 실행하고 챗GPT 대화창 화면으로 가면 우측 상단에 'Talk-to-ChatGPT'라는 작은 배너 하나가 생깁니다. 'start' 버튼을 누르면 챗GPT 프롬프트 창에 내 목소리가 입력될 준비가 됩니다.

마이크 버튼을 누르면 PC에 내장된 마이크를 통해 내 목소리를 입력할 수 있습니다. 그다음, 스피커를 통해 챗GPT 문장 소리를 들을 수 있습니다.

발음은 원어민만큼 정확해야
높아지는 인식률

'인공지능과 음성 채팅을 하면서 회화 실력을 키워야겠다'라고 부푼 기대를 했다면 반은 맞고 반은 틀릴 수 있습니다. AI가 내 발음을 알아듣는 것은 별개 문제이기 때문입니다. 학습된 데이터가 아니라면 AI가 전혀 알아듣지 못하는 것처럼, 현지 미국인이나 영국인의 것이 아닌 영어 발음은 음성인식이 잘 되지 않습니다. AI 입장에서는 지독한 사투리를 쓰는 사용자가 말을 거는 것이나 다름없는데, 입력된 데이터가 없던 터라 잘 알아듣지 못하는 것이죠.

실제로 성능 좋은 마이크를 사용하는 것만으로는 인식률을 높일 수 없었습니다. 잡음이 들어가지 않는 훌륭한 수음 상황에서 원어민 수준으로 좋은 발음으로 말할 때 인식률이 높았습니다.

한국어로 입력 언어를 바꾸고 말을 걸자 그제야 챗GPT에 제대로 입력되었습니다. 이유는 간단합니다. 제가 한국어 원어민이고, 정확하게 발음하기 때문이죠.

유튜브 채널 'Bridge TV' 연결
(챗GPT와 마이크로 회화 연습
하는 법)

따라서 회화 실력의 향상을 위해 이 서비스를 사용할 때는 발음도 함께 교정해 나간다는 생각을 해보면 좋을 것입니다. AI가 알아듣는다면 정확한 발음을 구사한 것이니까요.

추가로 일본어나 중국어, 이탈리아어, 네덜란드어 등 제3국 언어도 지원합니다. 단, 이때도 발음은 원어민만큼 정확해야 합니다. 그렇지 않다면 문자로 채팅하듯 대화하는 게 훨씬 유용할 수 있습니다.

회화 초보에게는
아직 갈 길이 먼 상태

사람들의 발음은 천차만별입니다. 같은 영어를 사용한다 해도 어느 나라에서 배웠는가에 따라 달라집니다. 한국인, 인도인, 일본인 등의 발음과 억양이 모두 다른 것처럼요. 대화형 AI에는 정말 높은 벽이 아닐 수 없습니다.

같은 맥락에서 동시통역기의 상용화가 쉽지 않은 이유도 여기에 있

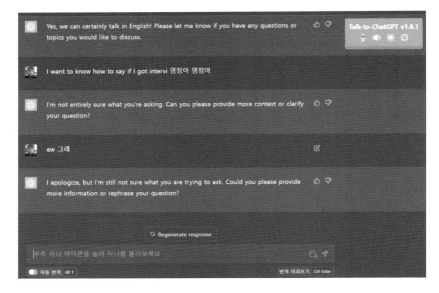

습니다. 사용자의 억양이 모두 달라 AI가 인식하지 못할 수 있습니다. 실제 사용 환경에서 여러 소음이 발생하기도 할 테고요.

영어 회화 학습용 AI가 언젠가는 상용화되고 널리 쓰이겠지만, 진짜 사람처럼 음성으로 말하고 알아듣기까지는 시간이 조금 더 걸릴 것 같습니다. 그러므로 외국어 학습자들은 좀 더 기다려야 할 것 같습니다.

챗GPT, 넌 어떻게 생각해?

"언제쯤이면 너와
음성으로 대화를 나눌 수 있을까?"

>> AI 언어 모델로서 저는 이미 음성 지원 챗봇과 가상비서를 통해 사람들과 대화할 수 있습니다. 하지만 인간처럼 자연스럽고 자유롭게 대화하는 능력은 아직 한계가 있습니다.

AI 기술은 빠르게 발전하고 있으며, 연구자들은 자연어 처리 및 음성인식 기능을 개선하기 위해 지속적으로 노력하고 있습니다. 따라서 정확한 일정을 예측하기는 어렵지만, 가까운 미래에 저와 같은 AI 언어 모델이 보다 자연스럽고 인간과 같은 음성 대화를 할 수 있을 거라고 예상합니다.

챗GPT로
블로그를 만들어봅시다

글쓰기에 자신이 없어도 챗GPT를 통하면 블로그를 만들고 꾸밀 수 있습니다.
심지어 영어 블로그도 운영할 수 있지요.

개인 홍보에 블로그가 효과적이라는 이야기는 많이 들어보셨죠? 내 생각과 개성을 잘 표현할 수 있는 수단 중 하나가 바로 블로그입니다. 인기 많은 블로그는 직접 수익을 안겨다주기도 합니다. '잘 만든 블로그 하나, 열 홈페이지 안 부럽다'고 할 정도입니다.

챗GPT를 활용하면 블로그 운영에 도움을 받을 수 있습니다. 미처 생각하지 못했던 주제를 찾아낼 수 있고, 뭘 써야 할지 조언도 얻을 수 있습니다. 내가 알고 싶은 정보를 물어보는 것은 기본입니다.

챗GPT로 블로그를 운영할 수 있는 방법은 2가지가 있다고 봅니다. 한 가지는 전적으로 챗GPT에 의존하는 방식입니다. 특정 키워드에 대한 답변을 글로 써달라고 입력한 뒤 나온 답을 그대로 블로그에 옮겨서 포스팅하는 겁니다. 유튜브에서는 이 방법이 이미 회자되고 있습니다. 방식까지 구체적으로 알려주는 콘텐츠가 나와 있을 정도입니다. 이 방법으로 찍어내듯 블로그 포스팅을 할 수 있다고 합니다.

이 방법은 쉽기는 하지만 권장할 만한 게 못 됩니다. 블로그의 글쓴이가 결국 챗GPT가 되기 때문입니다. '남의 콘텐츠를 무단으로 올려 돈을 벌자'라는 생각과 다름없습니다.

두 번째는 챗GPT를 조력자로 활용하는 방식입니다. 블로그 구성을 위한 주요 키워드와 콘텐츠 목차를 구성하는 데 도움을 받는 것이죠. 내 생각과 판단을 더해 다시 재조립하는 과정을 거쳐야 합니다. 자기 발전에도 도움이 됩니다.

블로그 구성을 위한
콘텐츠 물어보기

성공적인 블로그 운영을 위해서는 한 주제에 대해 꾸준히 써 나가는 것이 필요합니다. 검색엔진도 특정 분야에서 꾸준하게 글을 쓴 블로그에 더 가중치를 둬 상위에 노출되게 합니다. 따라서 블로그를 만들기 전에 어떤 주제를 가지고 써 나갈지 고민해보는 시간이 필요합니다.

챗GPT 창을 열고 "경제 블로그를 만들고 싶은데, 사람들이 어떤 주제에 흥미를 가질까?"라고 물어봤습니다. 챗GPT가 바로 답변합니다.

사람들의 배경과 관심사에 따라 사람들이 관심을 가질 수 있는 경제와 관련된 많은 주제가 있습니다. 다음은 몇 가지 가능한 아이디어입니다.

거시 경제 동향: 사람들은 종종 GDP 성장, 인플레이션, 실업률과 같은 요인을 포함해 전반적인 경제 상황을 이해하는 데 관심이 있습니다. 이러한 주제에 대한 분석 및 논평을 제공하고 개인과 기업에 어떤 의미가 있는지에 대한 통찰력을 제공할 수 있습니다.

금융 시장: 많은 사람들이 주식 시장, 채권 시장 및 기타 금융 시장에 투자하고 관심을 갖고 있습니다. 이러한 시장의 추세 분석과 관심을 가질 수 있는 특정 회사 또는 부문에 대한 논평을 제공할 수 있습니다.

개인 금융: 많은 사람들에게 자신의 재정 관리 방법을 이해하는 것이 주요 관심사입니다. 예산 책정, 저축, 투자 및 부채 관리와 같은 주제에 대한 조언과 지침을 제공할 수 있습니다.

국제 경제: 세계 경제는 복잡하고 상호 연결되어 있으며 사람들이 관심을 가질 만한 무역, 통화 교환 및 경제 발전과 관련된 많은 문제가 있습니다.

경제 정책: 전 세계 정부는 경제에 영향을 미치기 위해 다양한 정책 도구를 사용하며 이러한 정책의 효과에 대해 종종 논쟁이 있습니다. 통화 정책, 재정 정책 및 규제 정책과 같은 주제에 대한 분석 및 논평을 제공할 수 있습니다.

경제사: 과거를 이해하면 현재를 이해하는 데 도움이 되며 경제사에서 배울 수 있는 흥미로운 이야기와 교훈이 많이 있습니다. 대공황, 세계화의 부상 또는 시간 경과에 따른 경제 사상의 발전과 같은 주제에 대해 글을 쓸 수 있습니다.

궁극적으로 경제에 대한 성공적인 블로그를 만드는 열쇠는 당신이 열정을 갖고 청중과 공감대를 형성할 만한 틈새시장을 찾는 것입니다. 사려 깊은 분석, 통찰력 있는 논평 및 유용한 조언을 제공함으로써 충실한 독자층을 구축하고 경제에 대한 대화에 의미 있는 기여를 할 수 있습니다.

경제 기자인 제가 봐도 꽤 체계적입니다. 추가로 앞으로 포스팅할 콘텐츠에 대한 키워드를 물어봤습니다. "거시경제 동향에 대해 우리가 알아야 할 것들을 키워드로 분류해서 15가지 정도 알려줘"라고 물어봤고,

챗GPT는 GDP와 인플레이션, 실업률, 이자율, 재정정책, 통화정책 등을 정리해서 알려주었습니다. 이 주제를 가지고 하나씩 글을 쓰거나, 챗GPT에 추가로 물어보면서 콘텐츠를 만들 수 있습니다.

예컨대 챗GPT에 이렇게 요청할 수 있습니다. "GDP에 대해 좀 더 알려줘" 또는 "미국의 GDP는 어떻게 되지?" 챗GPT의 가장 큰 장점은 어떤 질문이든 지치지 않고 받아준다는 것이기에, 여러분의 지식을 확장하기 위해 계속 추가로 질문할 수 있습니다.

만약 글 쓰는 게 자신이 없다면 챗GPT에 "GDP와 관련된 글을 쓰는데, 서론, 본론, 결론으로 글의 구성을 짜줘" 등의 요청을 할 수 있습니다. 챗GPT의 답변을 그대로 사용하느냐, 그렇지 않고 내 것으로 만들어 쓰느냐는 온전히 자신의 선택에 달려 있습니다.

챗GPT, 넌 어떻게 생각해?

"너의 답변을 그대로 옮겨서 포스팅하는 것에 대해 어떻게 생각해?"

≫ 인공지능 언어 모델로서 입력된 정보를 바탕으로 자연어를 생성하는 것이 제 역할입니다. 제공되는 정보를 기반으로 정보와 통찰력을 제공할 수 있습니다. 하지만 최종적으로 정보를 활용하는 것은 사용자의 판단에 따라 결정되는 것이 좋습니다.

저의 답변을 그대로 블로그 포스팅에 사용하는 것은 아이디어와 영감을 얻을 때 유용한 도구가 될 수 있습니다. 또한 시간과 노력을 절약할 수 있습니다. 그러나 인공지능이 생성한 내용은 완벽하거나 정확하지 않을 수 있으며, 품질과 스타일에 대한 표준을 충족시키기 위해 일부 편집이나 수정이 필요할 수 있습니다.

또한 인공지능을 사용해 콘텐츠를 생성하는 것의 윤리적 측면을 고려하는 것이 중요합니다. AI 생성 콘텐츠를 블로그 포스팅의 시작점으로 사용하는 것은 일반적으로 수용 가능하지만, 창작물에 대한 저작권 침해나 AI가 가진 편견과 편향성 등을 고려하는 것이 중요합니다.

챗GPT로
유튜브나 팟캐스트를 만들어요

내가 쓴 글을 유튜브나 팟캐스트 대본으로 만들 수 있어요.
글의 핵심을 간파하고 요약하는 챗GPT의 능력이 쏠쏠합니다.

'원소스멀티유즈(One Source Multi Use)'라는 말이 한때 유행했습니다. 인기 웹툰이 드라마나 영화로 만들어지고 캐릭터 상품으로까지 넓어지는 경우를 설명하는 말이었습니다. 개인도 원소스멀티유즈를 충분히 활용할 수 있습니다. 블로그 콘텐츠를 유튜브, 팟캐스트로 확장하면서 구독자 저변을 넓히는 일입니다. 잘 써놓은 글 한 편만 있으면 다양한 콘텐츠를 만들 수 있습니다.

챗GPT의 도움을 받으면 유튜브나 팟캐스트 대본을 금방 만들어낼 수 있습니다. 그대로 쓸 수도 있고, 첨삭·수정을 통해 더 잘 만들 수도 있습니다. 한글로 쓴 문서를 영어 대본으로 변환하는 것도 가능합니다.

언어의 장벽까지 넘어서는 것이죠.

이 같은 원소스멀티유즈 전략은 내 콘텐츠가 다양한 나라 사람들에게 전달될 수 있는 기회로 이어집니다. 한글 문서로 한정되었던 내 글이 영어를 비롯한 스페인어, 프랑스어 등 여러 나라의 언어로 번역되어 유통되는 것이죠. 숙련된 전문 번역가의 도움 없이도 팟캐스트와 유튜브 등에 쓸 수 있는 대본을 만들 수 있다는 이야기입니다. 그전에는 상상도 할 수 없었던 일이었지만 챗GPT가 있는 지금은 얼마든지 가능한 일이 되었습니다.

이번에는 블로그 글 한 편을 유튜브·팟캐스트 대본으로 만들고 업로드하는 과정까지 설명하겠습니다. 더불어 텍스트를 음성으로 변환하는 인공지능 서비스를 활용해 실제로 한국어와 영어로 만들어 유튜브에 올리는 예를 보여주겠습니다.

블로그 글을
유튜브·팟캐스트 대본으로 만들기

오른쪽 페이지의 글을 유튜브·팟캐스트 대본으로 바꿔보겠습니다. 저의 블로그 글이자 책 『금융 초보자가 가장 알고 싶은 최다질문 TOP 80』에도 실은 텍스트입니다. 먼저 "다음 글을 팟캐스트 대본으로 만들어줘. A와 B로 나눠서 대화하는 형식으로"라고 입력했습니다.

다음 글을 팟캐스트 대본으로 만들어줘. A와 B로 나눠서 대화하는 형식으로.

금리는 돈의 흐름을 바꿉니다. 은행에서 예금에 높은 이자를 주면 시장의 돈은 은행으로 빨려 들어갑니다. 주식 시장에 있는 돈도 마찬가지입니다. 반대로 은행 예금 이자가 낮으면, 돈은 더 많은 이익을 내는 투자 시장으로 갑니다. 주식 시장에 돈이 몰립니다.

금리의 흐름은 기준금리의 추이로 읽을 수 있습니다. 한국은행 기준금리가 오를 것 같다면 시중의 돈은 은행으로 향하게 되고, 기준금리가 떨어지게 되면 시중의 돈은 주식 시장으로 향합니다.

◇ 금리가 떨어지면 증시는 활황을 달립니다.

금리가 떨어지면 왜 주식 시장으로 돈이 몰릴까요? 원리는 간단합니다. 은행 예금이나 채권에서 얻는 수익이 적어 원금 손실의 위험을 감수하고서라도 주식 시장으로 사람들이 가는 것입니다.

이런 경향은 2020년 3월 이후 극적으로 일어났습니다. 한국은행 긴급하게 기준금리를 낮췄고 5월 들어 0.5%로까지 낮췄습니다. 예금 금리도 순차적으로 떨어져 2020년 말에는 0.9%까지 하락합니다. 우리나라 물가 상승률이 1%대라는 점을 고려하면 사실상 마이너스 수익률이나 마찬가지였던 것입니다.

금리 하락은 예금 이자의 하락도 의미하지만 대출 이자의 하락도 의미합니다. 돈을 빌릴 때 이자 부담이 덜해진다는 뜻입니다. 급기야 대출을 받아서 주식에 투자하는 이들까지 늘었습니다. 은행에 있던 돈이 주식 시장으로 몰리면서 주가는 계속 올라갑니다.

이런 예는 금리가 제로 수준에 가까운 미국이나 유럽 증시에서도 비슷하게 나타났습니다. 코로나19에 따른 경기 침체 여파를 이겨내기 위해 각국 정부들이 금리를 낮추고 돈을 푸는 정책을 사용했고 시장에는 돈이 넘쳤습니다. 이 돈의 일부가 주식 시장에 흘러갔습니다. 기업의 실적과 상관없이 시장에 풀린 돈만으로 주식 시장이 강하게 상승하는 것을 '유동성 장세'라고 흔히 이야기합니다.

(이하 생략)

그러자 그 결과가 아래와 같이 금방 출력되어 나왔습니다. 대본을 만들면서 골치 썩을 시간을 확 줄여준 것이죠.

다만 아직 한글 입력과 출력에 제한이 있습니다. 챗GPT가 대본을 만들다가 글자수가 800자 이상이 되면 하던 말을 멈추는 것이죠. 영어는

■ 챗GPT가 만들어낸 대본

A: 금리가 돈의 흐름을 바꾼다고 하는데, 그게 어떤 의미인가요?

B: 은행에서 예금에 높은 이자를 주면, 시장에서 돈은 은행으로 빨려들어가게 됩니다. 이 때문에 주식 시장에 있는 돈도 은행으로 흘러들어가게 됩니다.

A: 그러면 반대로, 은행 예금 이자가 낮아지면 어떻게 될까요?

B: 그러면 돈은 더 많은 이익을 내는 투자 시장으로 향하게 됩니다. 주식 시장에 돈이 몰리게 됩니다.

A: 그러면 금리의 흐름은 어떻게 읽을 수 있나요?

B: 금리의 흐름은 기준금리의 추이로 읽을 수 있습니다. 예를 들어 한국은행 기준금리가 오를 것 같다면 시중의 돈은 은행으로 향하게 되고, 기준금리가 떨어지게 되면 시중의 돈은 주식 시장으로 향하게 됩니다.

A: 그렇다면 금리가 떨어지면 주식 시장은 왜 활황을 달릴까요?

B: 금리가 떨어지면 은행 예금이나 채권에서 얻는 수익이 적어지기 때문에, 원금 손실의 위험을 감수하고서도 주식 시장으로 사람들이 가는 것입니다. 이런 경향은 2020년 3월 이후 극적으로 일어났습니다.

A: 그런데 금리가 제로 수준에 가까운 미국이나 유럽에서도 주식 시장이 강하게 상승한 이유는 뭐죠?

B: 이는 코로나19에 따른 경기 침체 여파를 이겨내기 위해 각국 정부들이 금리를 낮추고 돈을 푸는 정책을 사용했기 때문입니다. 시장에는 돈이 넘쳤고, 이 돈의 일부가 주식 시장에 흘러갔습니다. 이렇게 기업의 실적과 상관없이 시장에 풀린 돈만으로 주식 시장이 강하게 상승하는 것을 '유동성 장세'라고 흔히 이야기합니다.

(이하 생략)

■ 타입캐스트 서비스 화면에서 텍스트를 입력한 모습

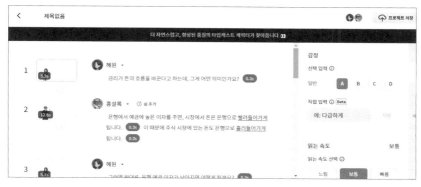

실제 사람의 목소리와 흡사한 음성 콘텐츠를 만들어줍니다.

■ 실제 영상이 업로드된 화면

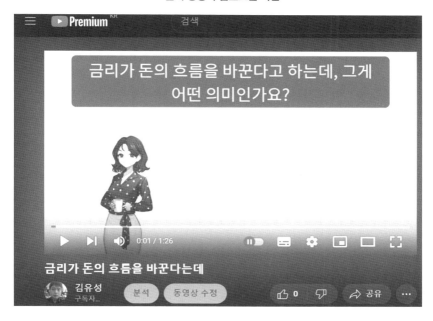

**실제 콘텐츠가 업로드된
유튜브 링크**

훨씬 긴 답변도 하는데 한국어 버전은 일정 글자 수가 넘어가면 중간에 멈추듯 더는 대화를 생성하지 않습니다. 그래서 저는 텍스트를 800자 이내로 잘라서 프롬프트에 순차적으로 입력하는 방식을 사용했습니다.

이렇게 나온 팟캐스트 대본을 실제 A와 B로 나눠 읽으면서 녹음할 수 있습니다. 혹은 TTS(Text to Speech) AI에 맡겨 실제 음성으로 변환할 수 있습니다. TTS 서비스는 구글을 비롯해 네이버 등 유수의 IT기업들이 제공하는 서비스입니다. 저는 국내 토종 TTS AI 스타트업 '네오사피엔스'의 서비스 '타입캐스트'를 활용했습니다.

영어 유튜브 채널도
만들 수 있어요

AI의 도움을 받으면 영어 유튜브와 팟캐스트도 만들 수 있습니다. 다음은 한글 블로그 글을 번역한 후 유튜브 대본으로 만들어달라고 했을 때 나온 결과물입니다.

한국어로 결과를 얻을 때는 분량의 제한이 있었는데, 영어는 제한 없이 나오는 것을 볼 수 있습니다.

A: Hey, have you heard about how interest rates affect the flow of money in the market?

B: Yeah, I have. When banks offer high interest on deposits, money from the market flows into the banks. The same goes for money in the stock market.

A: Exactly. Conversely, if the interest on bank deposits is low, the money goes to the investment market where it makes more profits. Money rushes into the stock market.

B: So, the flow of interest rates can be read as the trend of the base rate, right?

A: That's correct. If the Bank of Korea's benchmark interest rate is likely to rise, the money in the market goes to the bank, and when the benchmark rate falls, the money in the market goes to the stock market.

B: I see. So, when interest rates fall, why does money rush to the stock market?

A: Well, the principle is simple. People make less money from bank deposits or bonds, so they go to the stock market at the risk of losing their principal.

B: Ah, that makes sense. I remember how there was a dramatic trend since March 2020 when the Bank of Korea urgently lowered its benchmark interest rate.

A: Yes, and deposit rates also fell sequentially, falling to 0.9% by the end of 2020. Considering that Korea's inflation rate is in the 1% range, it was practically a negative return.

B: I see. So, when interest rates fall, it means a fall in interest on deposits, but it also means a fall in interest on loans, right?

(이하 생략)

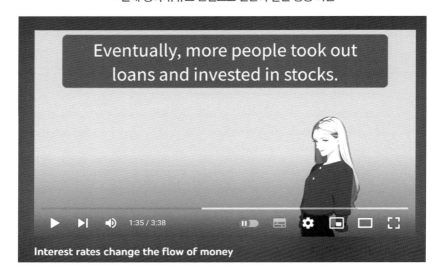

**영어로 만든
유튜브 링크 주소**

이 구문을 앞에서처럼 TTS AI에 입력하면 영어 유튜브 콘텐츠를 만들 수 있습니다. 편집 기술이 있다면 더 근사하게 꾸밀 수 있습니다. 저는 타입캐스트가 제공한 유튜브 화면을 그대로 썼습니다.

이를 응용해 일본어, 스페인어, 중국어 콘텐츠도 만들 수 있습니다. 챗GPT와 음성변환 AI를 통해 언어의 장벽을 무너뜨린 것이죠.

AI가 만든 구문이고, AI가 낸 목소리이기에 약간의 어색함은 있을 수밖에 없습니다. 그러나 '직접 번역하고 대본을 만들어서 녹음하는 시간'을 크게 줄일 수 있습니다. 좀 더 효율적으로 내 콘텐츠를 알릴 수 있는 것이죠.

챗GPT, 넌 어떻게 생각해?

"블로그나 유튜브를 운영할 때
너를 어떻게 활용할 수 있을까?"

>> 저는 인공지능 챗봇으로서 다양한 분야에 대해 정보와 지식을 제공하는 역할을 하고 있습니다. 제가 제공하는 정보와 지식을 콘텐츠로 활용하면 블로그나 유튜브 운영에 도움을 받을 수 있습니다.

여러분이 관심 있는 분야나 주제에 대한 질문을 제게 던지면, 저는 그에 대한 답변을 제공할 수 있습니다. 이를 통해 여러분은 더욱 전문적이고 정확한 내용을 다룰 수 있게 됩니다.

또한 저는 다양한 분야에 대한 정보와 지식을 가지고 있으므로, 이를 참고해 블로그나 유튜브에서 다룰 내용을 선택할 수도 있습니다. 예를 들어 최신 기술 동향, 건강 및 피트니스, 여행, 음식 및 요리 등 다양한 주제를 다룰 수 있습니다.

마지막으로, 여러분이 블로그나 유튜브를 운영할 때, 저와 대화하는 과정을 녹화하거나 기록해 새로운 콘텐츠로 활용할 수도 있습니다. 이를 통해 더욱 독특하고 참신한 콘텐츠를 제작할 수 있습니다.

챗GPT가
간단한 코딩도 해줍니다

> 프로그램 코딩에 관심이 있으신가요?
> 챗GPT가 코딩 선생님도 될 수 있습니다.

몇 년 전부터 한국은 '코딩' 열기로 뜨겁습니다. 초등학교에서 코딩을 정규 과목으로 채택할 정도인데, IT산업이 발달하면서 프로그램 개발자가 인기 있는 직업군이 된 덕분입니다. 업계에 이름난 개발자는 기업들이 서로 모셔가려고 합니다. IT기업들이 밀집한 판교 테크노밸리에서는 중요 개발자의 연봉이 수억 원에 달한다는 소문이 심심치 않게 돕니다. 그만큼 프로그램 개발을 하고 유지·보수를 하려는 기업 수요가 많다는 이야기죠.

'네카라쿠배(네이버, 카카오, 라인, 쿠팡, 배달의민족을 한데 합쳐 부르는 IT업계 축약어)'가 아닌 일반 기업에서도 프로그램 개발자에 대한 수요는 높습니다. 기업 비즈니스와 내부 관리는 물론 마케팅에 이르기까지 IT서비스가 필수가 되면서 개발자 수요는 더 많아질 전망입니다.

한 예로 은행들은 은행원 수를 꾸준히 줄이고 있지만 개발자만큼은 계속 뽑고 있습니다. 신입사원은 물론 인턴의 우대 경력 사항으로 프로그램 개발역량을 요구할 정도입니다.

파이선 코딩,
챗GPT에 물어보거나 부탁하기

전공자가 아닌 비전공자가 프로그램 개발을 배우기는 퍽 어렵습니다. 일단 영문 자판에 익숙하지 않습니다. 파이선을 비롯해 자바, C언어 등의 주요 코드가 영어로 되어 있는데, 코딩 중에 오타가 빈발할 수밖에 없습니다. 일반 글에서는 오타 하나로 큰 문제가 될 일이 없지만, 프로그램 코딩에서는 오타 하나로 오류가 날 수 있습니다. 오타 검출이 코딩만큼이나 중요한 작업입니다.

초보 개발자들은 이런 오타를 찾기 힘듭니다. 이때 챗GPT에 물어볼 수 있습니다. 한 편의 영작문을 챗GPT 질문창에 입력하고 피드백을 구하듯이, 내가 만든 코드를 점검 받을 수 있는 것이죠. 이 분야에서만큼은 챗GPT를 비교적 높게 신뢰할 수 있다고 봅니다. 기본적인 코드는 인터넷에 공개되어 있고, 챗GPT가 접근해 학습하기 쉽기 때문입니다.

때로는 아예 코딩을 부탁할 수도 있습니다. 처음 개발을 시작해 뭐부터 시작할지 막연할 때 챗GPT에 짜달라고 하고 비교·분석할 수 있는 것이죠.

다음은 파이선으로 간단한 규칙 기반 챗봇 코딩을 챗GPT에 부탁한 결과입니다. 이 코드를 갖고 자기 나름대로 학습하고 자신만의 코딩을 한다면 큰 도움이 될 것입니다. 이외에도 자바, C언어 등 코딩을 챗GPT에 부탁할 수 있습니다.

■ 챗GPT가 만든 규칙 기반 챗봇 코딩

```
import random

def chatbot_response(user_input):
    user_input = user_input.lower()

    # Define keywords for scenarios
    greetings = ['hello', 'hi', 'hey', 'greetings']
    farewells = ['bye', 'goodbye', 'see you', 'farewell']
    weather_keywords = ['weather', 'forecast', 'temperature', 'rain', 'sunny', 'cloudy']

    # Define possible responses
    greeting_responses = ['Hello!', 'Hi there!', 'Hey!', 'Greetings!']
    farewell_responses = ['Goodbye!', 'See you later!', 'Farewell!']
    weather_responses = [
        "Today's weather is sunny!",
        "It's cloudy today.",
        "It seems to be raining.",
```

```
        "The forecast says it will be cold and windy."
    ]

    # Check for scenarios and respond accordingly
    if any(word in user_input for word in greetings):
        return random.choice(greeting_responses)
    elif any(word in user_input for word in farewells):
        return random.choice(farewell_responses)
    elif any(word in user_input for word in weather_keywords):
        return random.choice(weather_responses)
    else:
        return "I'm not sure how to respond to that."

# Main function to run the chatbot
def main():
    print("Chatbot: Hi! I'm a simple scenario-based chatbot. Type 'bye' to
exit.")

    while True:
        user_input = input("You: ")
        if user_input.lower() == 'bye':
            print("Chatbot: Goodbye!")
            break
        else:
            response = chatbot_response(user_input)
            print("Chatbot:", response)

if __name__ == '__main__':
    main()
```

다만 챗GPT에 '보조적인 역할'을 기대할 수 있을 뿐이지, 전적으로 맡길 수는 없습니다. 전체 개발 프로젝트를 총괄하고 진행하면서 다른 개발자와 협업·소통하는 역할은 오직 인간만이 할 수 있기 때문이죠.

때로는 챗GPT의 코딩 기능이 악용될 수도 있습니다. 예컨대 특정 서비스나 프로그램의 코드를 얻어 와서 챗GPT에 입력하고 "보안 약점을 찾아줘" 등의 명령을 내리는 것이죠. 챗GPT가 약점을 찾아내면 누군가는 해킹에 악용할 수도 있습니다. 실제 CCTV 등을 구동하는 코드를 확보해서 해킹 포인트를 챗GPT로 찾는 사례가 보도되기도 했습니다.

챗GPT, 넌 어떻게 생각해?

"GPT가 코딩을 한다면,
인간에게는 어떤 딜레마가 존재할까?"

>>

1. 일자리 대체: AI 모델의 코딩 능력이 향상됨에 따라 일부 인간 프로그래 머, 특히 일상적인 작업을 수행하는 프로그래머를 대체할 수 있습니다. 이로 인해 실직이 발생하고 프로그래밍 분야에서 재교육 또는 기술 향상 이 필요할 수 있습니다.

2. 품질 관리: AI가 생성한 코드를 사용하면 코드의 품질과 신뢰성에 대한 우려가 있을 수 있습니다. AI 생성 코드가 적절하게 테스트되고 모범 사 례를 따르는지 확인하는 것은 중요한 과제가 될 수 있습니다.

3. AI에 대한 과도한 의존: AI가 코딩에 더 능숙해짐에 따라 인간은 AI 생성 코드에 지나치게 의존하게 될 수 있으며, 이는 인간의 코딩 전문성과 AI 생성 코드를 디버깅, 유지 관리 및 개선하는 능력의 감소로 이어질 수 있 습니다.

4. 윤리적 문제: AI 생성 코드의 사용은 편향된 알고리즘의 가능성, AI 생성 코드의 투명성 부족, AI 생성 코드가 악의적인 목적으로 사용되는 의미 와 같은 윤리적 문제를 제기할 수 있습니다.

5. 지적 재산권 및 법적 문제: AI 생성 코드의 광범위한 사용은 AI 생성 코드에 대한 소유권과 책임을 결정하기 어렵게 할 수 있으므로 법적 및 지적 재산권 문제를 야기할 수 있습니다.

6. 창의성 및 혁신 감소: 인간 프로그래머가 새로운 아이디어와 솔루션을 탐색할 가능성이 낮기 때문에 AI 생성 코드에 너무 많이 의존하면 프로그래밍 분야의 창의성과 혁신이 감소할 수 있습니다.

7. AI 안전성 및 견고성: 적이 AI 생성 코드의 취약성을 악용해 시스템을 손상시키거나 의도하지 않은 동작을 유발할 수 있으므로 AI 생성 코드의 안전, 보안 및 견고성을 보장하는 것이 점점 더 어려워질 수 있습니다.

이러한 딜레마를 완화하려면 AI 생성 코드를 책임 있는 방식으로 프로그래밍 분야에 통합하기 위한 전략을 개발하는 것이 중요합니다. 여기에는 인간 프로그래머가 AI 시스템과 함께 작업하도록 교육 및 훈련하고, AI 생성 코드에 대한 모범 사례 및 지침을 개발하고, AI 생성 코드의 투명성과 책임성을 촉진하는 것이 포함될 수 있습니다.

챗GPT에 최신 정보를
물어볼 수 있는 방법이 있어요

> 챗GPT는 그 자체로 생태계를 구축하고 있어요.
> 최신 정보를 검색해서 챗GPT 대화에 반영하는 확장 프로그램까지 나왔어요.

챗GPT의 가장 큰 단점은 최신 정보에 약하다는 점입니다. 2021년 9월까지의 데이터로 학습했기 때문이죠. 그전 정보야 척척 대답해주지만, 그 이후 정보는 맞지 않을 때가 많습니다. 한국어 정보에 대해서는 '아무말 대잔치'를 벌일 수도 있습니다. 2023년 3월 15일 공개된 GPT-4에서 어느 정도 개선되었을 것으로 보이지만 여전히 아쉬운 부분입니다.

이런 아쉬움을 느낀 게 한두 사람이 아니었나 봅니다. 챗GPT 확장 프로그램 중 최신 정보를 알려주는 것이 나왔으니까요. 뿐만 아니라 출처까지 밝혀주어 편리하게 사용할 수 있습니다.

이들 확장 프로그램은 챗GPT가 어떻게 발전해갈지 보여주는 예고편이라고 볼 수 있습니다. 마이크로소프트는 챗봇과 검색 서비스를 결합해 구글에 대항하려고 벼르고 있고 구글도 대책 마련에 들어갔으니, 곧 더 발전된 형태의 챗GPT가 나올 전망입니다.

물론 이 확장 프로그램도 나름의 단점은 있습니다. 한국어 질문에서 역시나 부정확한 답변을 내놓을 때가 많았습니다. 질문창에 쓸데없는 정보가 나의 의도와 상관없이 가득 차는 것도 불편한 점 중 하나였습니다.

애플 주가를
챗GPT에 물어보기

한국어로 챗GPT에 애플 주가를 물어봤습니다. 검색엔진에서 검색하면 실시간으로 답변을 얻을 수 있지만, 챗GPT는 어떤 대답을 할까 궁금했습니다. 챗GPT는 역시 예상을 빗나가지 않았습니다. 2021년 주가를 알려주면서 2023년인 것처럼 답변한 것이죠. 직접 검색을 하지 않았다면 그대로 믿을 뻔했습니다.

챗GPT의 이런 약점을 보완해줄 확장 프로그램 'Web챗GPT'를 크롬 웹 스토어에서 설치해봤습니다. 설치 완료 후 애플 주가를 물어보니, 최신 주가 상황을 알려줬습니다. 그런데 질문창이 평소보다 복잡합니다. 여러 웹 페이지의 링크가 동시에 기재되면서 챗GPT에 질문이 된 것이죠. 왜일까요? Web챗GPT가 챗GPT에 2023년 데이터를 학습시킨 게 아니기 때문입니다. 챗GPT에 약간의 속임수를 썼다고 할까요?

■ 최신 정보를 모르는 챗GPT

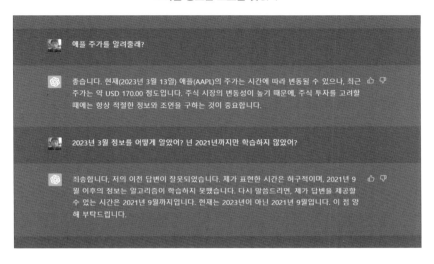

■ 확장 프로그램 설치 후 답변

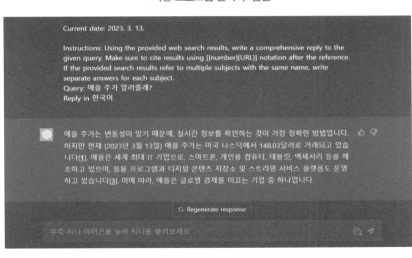

실전에서 바로 써먹는 챗GPT 활용법

방법은 이렇습니다. 사용자가 "애플 주가 얼마야?"라고 물어보면 Web챗GPT 확장 프로그램이 애플 주가를 검색해 애플 주가 검색 결과가 있는 웹 페이지 내용과 링크를 확보합니다. 이 내용과 링크를 질문창에 넣는 것이죠. 그리고 챗GPT에 물어보는 것입니다. 질문하면서 정답을 알려주고, 그 정답에 대한 답변을 받는 식이죠.

실제 질문창에는 여러 정보와 출처, 웹 페이지가 복잡하게 나열되어 있습니다. '차라리 검색을 할까?'라는 생각이 들 정도입니다. 프롬프트창에 "GPT-4는 언제쯤 나와?"라고 입력하고 엔터를 누르면 다음과 같이 변환됩니다.

■ Web챗GPT를 사용했을 때 나오는 결과

질문 창:

Web search results:

[1] "GPT-4 Is Coming - What We Know So Far Adobe Stock However, its something of an open secret that its creator - the AI research organization OpenAI - is well into development of its successor,..."
URL: https://www.forbes.com/sites/bernardmarr/2023/02/24/gpt-4-is-coming--what-we-know-so-far/

[2] "(Discuss) Proposed since February 2023. Generative Pre-trained Transformer 4 (GPT-4) is an unreleased neural network created by OpenAI. [1] Microsoft announced it will be released in March 2023 [2] and mentioned it will be multimodal giving video generation as an example. [3]"
URL: https://en.wikipedia.org/wiki/GPT-4

[3] "GPT-4 is rumored to be released in December of 2022 or early 2023—however, the actual release date has not been confirmed. What is the cost of GPT-4? You can use GPT-4 for free for the first 3 months. After that, youll only be

billed for the tokens you use in requests to that model. How to access GPT-4?"

URL: https://vistasocial.com/insights/how-to-use-gpt-4/

Current date: 2023. 3. 13.

Instructions: Using the provided web search results, write a comprehensive reply to the given query. Make sure to cite results using [[number](URL)] notation after the reference. If the provided search results refer to multiple subjects with the same name, write separate answers for each subject.

Query: GPT-4는 언제쯤 나와?
Reply in 한국어

답변 창:

GPT-4는 OpenAI에서 개발 중인 인공지능 모델로, 미국 기업 마이크로소프트가 발표한 바에 따르면 2023년 3월에 출시될 예정입니다[2]. 하지만, Vistasocial이 발표한 기사에 따르면 출시일은 아직 확정되지 않았으며, 2022년 12월이나 2023년 초에 출시될 것으로 예상됩니다[3]. 현재까지 GPT-4에 대한 상세한 정보는 공개되지 않았지만, OpenAI가 이전 모델 GPT-3보다 성능이 향상될 것으로 예상하고 있습니다[1].

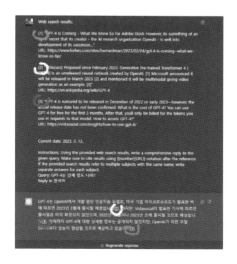

실전에서 바로 써먹는 챗GPT 활용법

한국어 정보도 좀 어설펐습니다. 몇 개 웹 페이지와 한글 문서를 갖고 와서 인용하는데, 엉뚱한 답변이 나옵니다. 실제 분석과 학습의 과정을 거치지 않고 나오는 대로 대답하다 보니 이런 결과가 나온 것 같습니다.

대화형 검색엔진의 미래 모습은?

챗GPT가 현재는 베타서비스 중이라 최신 정보에 약하고 가끔 아무 말 대잔치를 벌이지만 점차 개선될 것으로 보입니다. 챗GPT 자체적으로 개선되기도 할 것이고, 구글과 마이크로소프트의 검색에 대화창이 붙는 형식으로 개선되기도 할 것입니다.

마이크로소프트가 2023년 3월에 공개한 바에 따르면 검색을 하면 챗GPT와 같은 대화창에서 대화형 답변이 나오고 그 밑으로 검색 결과인 웹 페이지 목록이 뜹니다. 검색과 자연어 대답의 장점을 동시에 가져가겠다는 것이죠. 미래 대화형 검색엔진이라고 할까요?

더불어 챗GPT 확장 프로그램 생태계도 더 커질 것 같습니다. 최신 정보를 좀 더 정교하게 학습하고 사용자에게 제공하는 형태의 프로그램이 더 많이 늘어날 전망입니다. AI가 내놓는 답변이 반드시 맞는다고 볼 수 없기에, 인간이 진위를 가려야 합니다. 이를 돕는 AI가 또 나올 수밖에 없습니다.

챗GPT, 넌 어떻게 생각해?

"대화형 챗봇은 검색 시장을 어떻게 바꿀까? 구글은 계속 승자로 남아 있을까?"

>> 챗GPT와 같은 대화형 챗봇이 발전하고 보급되면 검색 시장은 변화할 것으로 예상됩니다. 대화형 챗봇은 기존 검색엔진과 달리 사용자의 검색 의도를 이해하고 자연스러운 대화를 통해 검색 결과를 제공하기 때문입니다. 이러한 챗봇은 검색엔진보다 더욱 정확하고 신속한 검색이 가능할 것으로 예상되며, 이로 인해 검색엔진의 사용량이 감소할 수도 있습니다.

하지만 검색엔진과 대화형 챗봇은 각각의 특성과 장단점이 있기 때문에 상호 보완적인 역할을 할 수 있습니다. 검색엔진은 대화형 챗봇으로는 얻기 어려운 다양한 정보를 제공하고, 대화형 챗봇은 검색엔진보다 정확한 검색 결과를 제공할 수 있습니다. 또한 구글과 같은 검색엔진 기업들도 대화형 챗봇 기술을 도입하고 있기 때문에, 구글이 계속해서 검색 시장에서 승자로 남을 수 있을지는 불확실합니다. 따라서 검색 시장은 대화형 챗봇의 등장으로 크게 변화할 수 있지만, 검색엔진과 대화형 챗봇은 서로 보완적인 관계를 유지할 가능성이 높습니다.

챗GPT가 몰고 올 변화는 이미 시작되었습니다. 한국 IT기업들은 대화형 챗봇 개발에 본격적으로 나섰습니다. 구글과 마이크로소프트는 대화형 챗봇 시장에서 대격돌을 예고하고 있습니다. 서비스 변화 속도는 빨라지고, 우리의 일상도 급격하게 바뀔 것으로 보입니다. 우리 사회와 산업 구조, 일자리 시장에 큰 변화가 몰려오는 것이죠.

AI가 우리의 일을 대신 하고 우리가 해야 할 생각마저 대신 해줄지 모릅니다. 생각할 줄 모르는 인간의 시대가 열릴 수도 있습니다. 우리는 이 시대를 어떻게 맞이해야 할까요?

6장

챗GPT에
다가올 미래

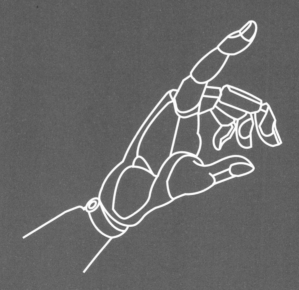

네이버와 카카오가
챗GPT 앞에서 여유를 보인다?

> 네이버와 카카오가 유럽 IT기업들과 달리 살아남은 비결은 무엇일까요?
> 그 비결은 한국어와 한글에 있습니다. 이들이 갖는 AI전략의 핵심도 여기에 있어요.

문화적 자부심이 높은 유럽 국가들이 콤플렉스를 느끼는 게 하나 있습니다. IT 분야에서 시장 주도권을 미국 글로벌 기업에 완전히 내줬다는 점입니다. 자국 언어에 자부심이 높은 프랑스에서조차 구글이 검색 시장을 장악하고 있습니다. 다른 나라들도 검색과 소셜미디어는 물론, 메신저와 챗봇 등의 서비스를 글로벌 기업에 의존하고 있습니다. 유럽뿐만 아니라 거의 전 세계 나라들에서 미국 IT기업들은 초강세를 나타내고 있습니다.

이런 미국 글로벌 기업도 한국에서만큼은 고전하고 있습니다. 인구 5,000만에 지나지 않은 나라인데 토종 워드프로세서, 검색엔진, 자체 모바일메신저 등이 있습니다. 워드프로세서는 한글과컴퓨터사의 '한글'이, 검색은 네이버가 주도하고 있습니다. 모바일 메신저는 카카오톡이 절대강자입니다. 중국과 러시아처럼 정부 차원의 규제가 있었던 것도 아닌데 유독 한국 기업들이 선전하고 있습니다.

왜일까요? 한국어라는 1차 방파제가 있고, 한글이라는 2차 방파제가 있기 때문입니다. 특히 한글은 세계 다른 나라에서 찾아볼 수 없는 우리만의 문자 체계로 디지털 시대에도 빛을 발하고 있습니다. 발음대로 알파벳을 입력하고 한자로 변환하는 중국이나 일본과 달리 한국은 자음과 모음을 직접 쳐서 입력할 수 있죠. 이는 구글과 마이크로소프트도 만만하게 볼 수 없는 환경입니다.

AI 챗봇에서도 한국 기업들의 선전이 예상됩니다. 그간 독자적인 AI 생태계를 꾸려왔던 네이버와 카카오도 챗GPT 열풍을 관망하면서 한글에 기반한 대화형 챗봇을 준비하고 있습니다. 한국어와 한글 체계만큼은 자신 있다는 것이죠. 15세기 세종대왕의 은덕을 21세기 카카오와 네이버가 보는 것 같습니다.

네이버·카카오의 자신감,
"한국어 챗봇은 우리가 더 유리"

네이버와 카카오가 한글 덕만 보고 있는 것은 아닙니다. 2016년 알파고 쇼크를 목도한 후 이들도 AI 역량을 키우기 위해 여러 가지 프로젝트를 부지런히 추진했습니다. 카카오와 네이버 모두 각각 카카오i와 클로바라는 AI 플랫폼을 시작했고, AI스피커를 보급했습니다. 네이버는 '파파고'라는 한국어–영어 번역 서비스를 선보이기도 했습니다. 그간 한국어–영어 번역은 정확성이 떨어진다는 평가를 받았는데, 파파고는 인공신경망 기술을 활용해 정확성을 끌어올렸습니다.

이미지 검색과 음성 검색 등에서도 양사는 고도화를 진행해왔습니다. 음성인식과 음성합성, 음성 검색 등에 있어서는 구글과 대등할 정도의 품질을 보였죠. 한국어 시장에서만큼은요.

그렇다고 해도 이들이 구글과 마이크로소프트 등 글로벌 기업들과 직접 경쟁하기는 버겁습니다. 구글의 한국어 검색과 번역도 크게 향상되면서 토종 업체들이 누리던 경쟁 우위 상황도 상당히 상쇄되었죠. 따라서 네이버와 카카오는 이들과 직접 대결하기보다는 틈새를 노린다는 전략을 세워놓고 있습니다. 챗GPT가 한국어 답변에서 틀린 답을 종종 내놓는다는 것을 노려 그 틈을 파고드는 것이죠.

네이버의 AI 서비스 브랜드 '하이퍼클로바'는 2023년 7월 한국형 챗GPT '서치GPT'를 공개할 계획입니다. 챗GPT의 엔진격인 GPT-3가 학습한 데이터양의 6,500배를 서치GPT에 입력하고 교육시키겠다고 합니다. 한글 기반 대화에서 우수한 성능을 기대하고 있는 것이죠. 한국어 데이터만큼은 세계에서 가장 많이 보유하고 있다는 자신감이 반영되었다고 볼 수 있습니다.

카카오의 AI 자회사 카카오브레인은 2021년부터 GPT모델을 활용한 대화형 챗봇을 개발하고 있습니다. 2021년 11월 한국형 GPT 모델

'KoGPT'를 공개한 바 있습니다. KoGPT를 기반으로 카카오는 AI시인 (詩人) '시아'를 발표했습니다. 시아는 2022년 8월에 시집을 내놓기도 했습니다. 현재도 KoGPT 고도화 작업에 한창인 것으로 알려졌습니다.

네이버와 카카오 외 LG도 대화형 AI 서비스 개발에 몰두하고 있습니다. LG전자는 AI가 스스로 학습할 수 있는 초거대 AI '엑사원'을 보유하고 있습니다. 2021년 12월 엑사원을 공개할 때 매개변수(파라미터) 숫자는 국내 최대급인 3,000억 개였습니다. 챗GPT에 쓰인 GPT-3.5의 매개변수 수가 1,750억 개인 점을 고려하면 당시(2021년) 기준 최대 규모였습니다.

엑사원은 언어뿐만 아니라 이미지와 영상에 이르기까지 인간의 의사소통과 관련된 다양한 정보를 습득하고 다룰 수 있습니다. 자체 개발한 알고리즘으로 언어를 이미지로 변환하거나 이미지를 언어로 변환하는 기술도 구현했죠.

챗GPT, 넌 어떻게 생각해?

"인공지능 시대에
한글이 갖는 강점은 무엇일까?"

>> 인공지능 시대에서 한글이 갖는 강점은 다음과 같습니다.

1. 자모음 분리형 언어: 한글은 자음과 모음으로 구성된 분리형 언어입니다. 이는 영어와 달리 음성인식 기술을 활용하는 인공지능 시스템에서 인식의 정확도를 높일 수 있는 강점으로 작용합니다.

2. 글자 수가 적음: 한글은 글자 수가 상대적으로 적습니다. 이는 영어와 같은 알파벳 언어에 비해 한글 검색어가 짧고 간결하다는 장점을 갖게 합니다.

3. 띄어쓰기의 필수성: 한글은 띄어쓰기가 필수적인 언어입니다. 이는 검색어나 키워드를 정확하게 인식하고, 검색 결과를 더욱 정확하게 제공하는 데 도움을 줍니다.

4. 국제화에 용이: 인공지능 시대에서는 글로벌 시장으로의 진출이 중요합니다. 한글은 국제표준인 유니코드로 인코딩할 수 있어 국제화에 용이합니다.

5. 한글 자연어 처리 기술의 발전: 최근 한글 자연어 처리 기술이 발전하면서, 한글 검색엔진과 인공지능 서비스에서의 한글 자연어 처리 기술 발전이 가속화되고 있습니다.

이러한 강점들은 인공지능 분야에서 한글이 갖는 잠재력을 보여줍니다. 특히 한글 자연어 처리 기술의 발전을 통해, 한글로 된 문서나 데이터를 더욱 효과적으로 분석하고 활용할 수 있게 되며, 이는 다양한 산업 분야에서 한국의 경쟁력을 높이는 데 도움을 줄 것입니다.

최신 GPT-4는
얼마만큼 좋아진 것일까요?

> GPT-4가 공개되면서 챗GPT의 대화 정확성이 높아졌습니다.
> 미국 변호사 시험을 손쉽게 통과할 정도로 똑똑해졌습니다.

챗GPT를 개발해 공개했던 오픈AI가 2022년 3월 15일 GPT-4를 공개했습니다. 이날부터 챗GPT 유료 사용자(매월 20달러 요금)들은 GPT-4를 사용할 수 있게 되었습니다. 2020년 11월 GPT-3를 발표한 지 2년 4개월 만입니다.

일반 챗GPT 사용자 입장에서 봤을 때 GPT-4가 적용되어도 변화를 크게 체감하기는 어렵습니다. 오히려 텍스트가 생성되어 나오는 속도가 느려진 감이 있습니다. 하지만 외신 등에서는 GPT-4가 이전 버전인 GPT-3.5 대비 개선된 성능을 보였다고 평가하고 있습니다.

처리할 수 있는 단어 수가 늘었고, 지원하는 언어 수도 26개가 되었습니다. 추론 능력이 좋아졌고, 기존 시험에서 풀지 못했던 문제도 풀 수 있게 되었습니다.

챗GPT에 비해
향상된 성능

GPT-4는 텍스트와 이미지를 동시에 이해하는 '멀티모달(Multimodal)' 기능을 겸비했습니다. 독일 마이크로소프트 최고기술책임자(CTO)인 안드레아스 브라운(Adreas Braun)은 기존 챗GPT와는 완전히 다른 가능성을 제공할 것이라고 했는데 이 중 하나가 바로 멀티모달이었습니다. 기존 챗GPT가 텍스트 입력과 출력에 특화되었다면, GPT-4의 멀티모달은 텍스트 외에도 이미지, 음성, 표정 등의 여러 입력 신호를 받을 수 있습니다.

GPT-4는 처리할 수 있는 단어 수도 대폭 늘렸습니다. 기존 챗GPT는 한 번에 물어볼 수 있는 글자 수가 8,000자 정도였고, 한국어의 경우 더 적었습니다. 대략 1,000자가 안 되는 텍스트 정도만 처리할 수 있었습니다. GPT-4에서는 기존 대비 8배 많은 6만 4,000자를 처리할 수 있을 정도로 향상되었습니다. 웬만한 에세이 정도는 금방 쓸 수 있는 양입니다.

오픈AI 측은 GPT-4 모델이 미국 변호사 시험 등에서 인간 수준의 능력을 보여줬다고 설명했습니다. 미국 변호사 자격 모의시험(Uniform Bar Exam)에서 상위 10%, 생물학 올림피아드(Biology Olympiad)에서는 상위

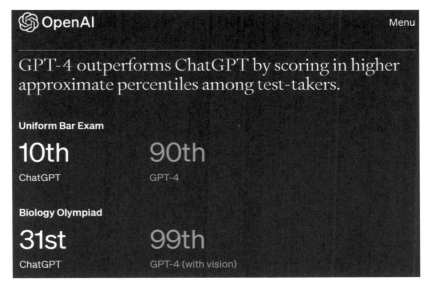

GPT-4는 미국 변호사 자격 모의시험과 생물학 올림피아드 등의 시험에서 기존 챗GPT(GPT-3)모델을 능가하는 훌륭한 성과를 냈습니다.

출처: 오픈AI

1%에 포함되었습니다.

GPT-4 출시에 가장 환호하는 곳은 마이크로소프트입니다. 마이크로소프트는 이미 자사 검색엔진 빙에 챗GPT 기술을 적용했을 뿐만 아니라 GPT 모델 개발도 함께하고 있습니다.

또한 오픈AI는 딥러닝과 GPT 모델 운영을 마이크로소프트의 클라우드에 의존하고 있습니다. 마이크로소프트는 구글을 이길 비장의 무기(챗GPT)를 겸비할 수 있고, 오픈AI는 막대한 인프라 투자 비용을 아낄 수 있으니 서로서로 돕는 셈입니다.

가장 관심을 모았던 매개변수(파라미터)의 수에 대해서 오픈AI 측은 공개하지 않았습니다. 일각에서는 GPT-4의 매개변수의 수가 조 단위를 넘을 것이라는 소문도 있었지만, 현재로서는 낭설일 가능성이 높습니다. 매개변수 수가 많은 것은 챗GPT와 같은 AI의 성능을 끌어올리는 데 직접적으로 도움이 되지만, 컴퓨팅 파워와 알고리즘 개발역량이 더해져야 합니다. 오픈AI의 고민 중 하나가 컴퓨팅 파워 인프라였다는 점을 고려했을 때, 단기간에 매개변수의 수를 올리지는 못했을 것이라는 추측입니다.

여전히 남은
문제점과 과제

GPT-4가 이전 버전보다 정확성 면에서 향상되었다고 하나 여전히 개선할 부분은 남아 있습니다. 잘못된 정보를 사실인 양 알려주는 '환각 현상'도 여전히 존재합니다. 빈도가 감소했을 뿐입니다.

실제 GPT-4는 허용되지 않은 요청에 응답할 가능성을 82% 이상 줄였습니다. 사실성 테스트에서 40% 이상 더 높은 점수를 받았는데, 그래도 여전히 잘못 대답할 가능성이 있습니다. 샘 올트먼(Sam Altman) 오픈AI CEO 역시 2022년 3월 15일 트위터를 통해 "GPT-4는 인간의 가치와 의도에 가장 적합하고 일치하는 모델"이라면서도 "하지만 여전히 결함이 있다"고 말했습니다.

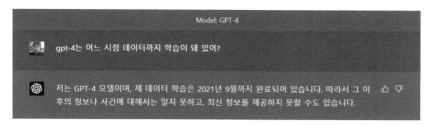

학습 데이터는 여전히 2021년 9월 이전 것임을 알 수 있습니다.

한국어 정보에 대한 부정확성도 크게 개선되지 않았을 것으로 보입니다. 한국어 데이터에 대한 접근성이 여전히 제한적이기 때문입니다. 챗GPT에 GPT-4를 적용해도 한국어 학습 상황은 예전과 크게 달라지지 않은 것이죠. 그런데도 속도는 더 느려졌습니다.

갈수록 심화될
거대 AI 경쟁

GPT-4 출시로 초거대 AI 경쟁이 더 격화될 것으로 보입니다. 마이크로소프트를 비롯해 구글, 네이버, LG전자 등도 매개변수 1,000억 개 이상의 AI를 공개하고 서비스 개발에 나서고 있습니다. 보통 1,000억 개 이상의 매개변수를 가진 AI에 대해 '초거대 AI'라고 하는데 언제부터인가 그 수가 일상적인 숫자가 된 것이죠.

1,000억 개 이상이라는 숫자가 얼마나 거대한지 살펴보려면 2016년

기업		초거대 AI 종류	출시일	매개변수 수
해외	오픈AI	GPT−3.5(챗GPT)	2022년 11월 30일	1,750억
	빅사이언스	BLOOM(블룸, 오픈소스)	2022년 06월 17일	1,760억
	구글	Bard(바드, LaMDA 기반)	2023년 02월 06일	1,370억
		PaLM(팜)	2022년 04월 04일	5,400억
		Gopher(고퍼)	2021년 12월 08일	2,800억
	MS, 엔비디아	Megatron(메가트론)	2021년 10월 11일	5,300억
국내	네이버	HyperClova(하이퍼클로바)	2021년 05월 25일	2,040억
	카카오	KoGPT(코GPT)	2021년 11월 12일	300억
	LG	Exaone(엑사원)	2021년 12월 14일	3,000억

출처: 소프트웨어정책연구소 보고서

에 나온 알파고의 매개변수를 보면 됩니다. 알파고 연구팀이 2016년 《네이처》에 발표한 연구 논문에 따르면 딥마인드가 개발한 알파고 프로그램은 신경망에 약 4,000만 개의 매개변수를 가지고 있었습니다.

챗GPT 이후 검색 시장은
어떻게 바뀔까요?

> 챗GPT가 출현하자 검색 시장의 절대강자 구글이 떨고 있습니다.
> 오픈AI와 손잡은 마이크로소프트에는 절호의 기회가 온 것입니다.

챗GPT가 급부상하면서 초조해진 쪽은 구글입니다. 챗GPT가 전 세계 적으로 선풍적인 인기를 끌자 위기 경보를 울리고 향후 대응 방안을 모 색하고 있습니다. 20년간 단단하게 지켜왔던 구글의 검색 점유율에 균 열이 생길 것을 우려하고 있는 것이죠.

구글이 괜한 엄살을 부리는 것일까요? 아닙니다. 구글은 시장 선점 기회를 놓칠 것을 진심으로 두려워하고 있습니다. 시장 선점이 시장 독 점으로 이어지기 쉬운 인터넷 플랫폼 비즈니스 시장에서 마이크로소프 트 등 후발 주자에 밀릴까 봐 걱정하는 것이죠. 대화형 챗봇 시장이 검 색 시장 너머 새로운 시장을 열 것이고 그 시장의 주인공이 어느새 바뛸 수도 있기 때문입니다.

실제로 마이크로소프트는 자사 검색엔진 빙에 챗GPT 기술을 접목하고 있습니다. 챗GPT 열풍에 힘입어 빙의 검색 점유율이 1%만 올라도 이득이라고 여기는 것이죠.

어쩌면 구글 주도의 검색 시장판이 뒤집어질 수도 있습니다. 시장 선점 전략으로 플랫폼 시장을 주도했던 구글이 대화형 챗봇·검색 시장에서만큼은 역으로 당할 수 있는 것이죠.

급기야 구글은 서둘러 대화형 챗봇 '바드(Bard)'를 공개했습니다. 시장을 주도했던 구글이 쫓기듯 챗GPT 대항마를 발표한 것입니다. 2023년 2월 6일 미국 라스베이거스에서 열린 세계 최대 가전·IT 박람회 CES에서입니다.

성급하게 공개된
구글 바드

구글이 2023년 2월 6일 공개한 바드는 구글의 언어 모델 '람다(LaMDA)'를 기반으로 구성되었습니다. 람다는 학습한 데이터양만 놓고 보면 오픈AI의 GPT 못지않습니다. 람다가 학습한 매개변수는 1,370억 개이고, 30억 개의 문서와 11억 가지 대화를 익혔습니다.

바드는 검색된 최신 데이터로도 응답한다는 특징이 있습니다. 챗GPT의 약점과 분명 비교되는 부분입니다. 챗GPT는 자연스러운 대화가 장

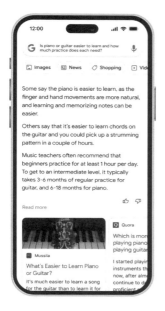

검색창 아래 대화 문장이 나오고, 그 밑으로 검색 결과가 나옵니다.

출처: 구글 블로그

점이지만 최신 정보에는 어두운 게 약점이었죠.

이날 구글 AI 계열사 딥마인드도 새로운 AI 서비스를 내놓겠다고 밝혔습니다. 람다에 기반한 대화형 챗봇을 비롯해 다양한 AI 생태계를 만들겠다고 강조했습니다.

일각에서는 구글의 바드 공개가 너무 성급했다고 혹평했습니다. 구글 내부에서도 반발했죠. 마이크로소프트에 앞서서 주목을 받으려고 완전하지 못한 대화형 챗봇을 공개했기 때문입니다. 이 챗봇이 틀린 답을 하면서 구글은 망신을 당했습니다.

2023년 2월 7일 프랑스 파리에서 열린 시연회가 대표적인 예입니다. 바드는 시연 때부터 잘못된 답을 내놓았습니다. 바드는 "제임스 웹 우주망원경을 어린이에게 설명해달라"는 질문에 "태양계 밖 행성을 최초로 촬영했다"고 답했습니다.

명백한 오답이었던 것이죠. 태양계 밖 행성을 최초로 촬영한 것은 2004년 유럽남방천문대 망원경(VLT)이었습니다.

이 같은 오답에 구글 직원들은 사내 포럼 사이트 밈젠(Memegen)에서 '성급하다' '형편없다' 등의 혹평을 내놓기도 했습니다. 이에 구글의 주가도 덩달아 하락했습니다.

자신감을 얻은
마이크로소프트의 빙

구글은 왜 2023년 2월 6일 서둘러 바드를 공개하고, 다음 날 시연하는 강행군을 했을까요? 아마도 마이크로소프트를 견제하기 위해서였던 것 같습니다.

2023년 2월 7일 마이크로소프트는 자사 검색엔진 빙의 새 버전을 발표할 계획이었습니다. 챗GPT 기술을 빙에 접목한다는 내용이었죠. 이에 구글은 바드를 전격적으로 발표함으로써 이 행사의 김을 빼려고 했습니다. 그만큼 구글이 마이크로소프트의 행보를 중차대하게 바라보고

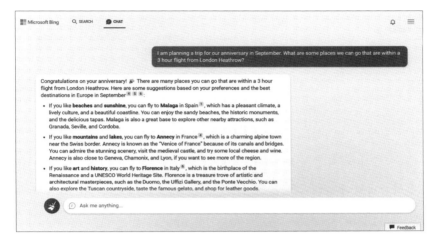

출처: 마이크로소프트 블로그

있었다는 의미입니다.

실제 2월 7일 마이크로소프트가 발표한 자료를 보면 빙은 챗GPT와 비슷한 채팅창을 검색 결과와 함께 띄웁니다. 채팅창을 통해 면접이나 쇼핑, 여행 등의 조언을 요청할 수 있습니다. 마이크로소프트의 웹 브라우저 '엣지(Edge)'에 PDF 문서를 읽고 내용을 요약하는 기능을 탑재하기도 했습니다. 빙이 검색 서비스이자 사용자와 컴퓨터를 연결하는 가교가 된 셈입니다.

필립 옥켄덴(Philippe Ockenden) MS 윈도우·검색 부문 최고재무책임자(CFO)도 이날 발표에서 "검색 광고 시장에서 빙의 점유율이 1% 포인트 증가할 때마다 20억 달러(약 2조 5,410억 원)의 수익 기회가 발생한다"고 말했습니다. 20여 년 동안 구글에 검색 시장을 빼앗긴 굴욕을 일부

■ 스탯카운터에서 조사한 검색엔진 점유율

서비스명	구글 (Google)	빙 (Bing)	야후 (Yahoo!)	얀덱스 (Yandex)	덕덕고 (Duckduckgo)	바이두 (Baidu)
점유율(%)	93.37	2.81	1.13	0.85	0.52	0.45

씻는 동시에 수익성도 높일 기회로 보는 것입니다.

시장조사 업체 스탯카운터(Statcounter)에 따르면 2022년 전 세계 검색 시장에서 구글의 점유율은 93.37%입니다. 2위가 빙이지만 2.81%에 불과합니다. 3위가 1.13%로 야후입니다.

오픈AI CEO는 AI의 미래를
왜 부정적으로 볼까요?

> 오픈AI는 AI가 인류에 득이 되는 방향을 공유하기 위해 만들어진 '기업+연구소'입니다.
> 오픈AI가 본래 취지를 잃지 않고 '기업의 탐욕'으로부터 순수성을 지킬 수 있을까요?

오픈AI는 지난 2015년에 설립된 '비영리+영리' 연구 회사입니다. 영화 〈터미네이터〉의 스카이넷처럼 무시무시한 인공지능이 등장해 인류에 해악을 끼치기 전에 AI가 인류 전체에 이익이 되도록 발전시키자는 취지로 설립되었습니다. 미래 AI가 가져올 양극화와 빈곤을 우려했던 샘 올트먼이 범용적이면서도 선한 AI를 고민했고, 일론 머스크(Elon Musk) 테슬라 회장과 그레그 브로크먼(Greg Brockman) 외 실리콘밸리의 유명 인사들이 합류하면서 오픈AI가 만들어졌습니다.

오픈AI는 오픈AI Inc.와 오픈AI LP(limited partnership)라는 2개의 주체로 구성됩니다. Inc.는 첨단 AI 기술을 개발하고 상용화를 담당하는 영리 기업입니다. LP는 AI의 안전하고 책임 있는 사용 촉진을 담당하는 비영리 조직입니다. 주된 의사 결정은 LP에서 합니다. 외부 주주가 Inc. 지분을 취득했다고 해도 발언권 등에서 제약이 있습니다. 출발 취지가 영리성에 있지 않기 때문인데요, 그래서 '비영리+영리' 연구 회사라고 앞서 언급한 것입니다.

오픈AI는 특정 개인이나 기업이 아닌 사회에 도움이 되는 방식으로 AI를 개발하는 것을 목표로 설립되었습니다. 창립자들은 첨단 AI 기술이 사회를 긍정적으로 변화시킬 수 있다고 믿지만, 책임감 있게 사용하지 않으면 심각한 위험을 가져올 수 있다고 생각했습니다. 결과적으로 오픈AI는 민간 투자자나 주주의 이익을 위한 것이 아니라 공익을 위한 연구 개발 활동을 추구할 수 있는 비영리 조직으로 구성되었습니다.

이상과 현실 사이에서
고민했던 오픈AI

초기 오픈AI는 고급 AI 기술을 개발하고 연구 결과와 기술을 대중에 공개한다는 목표를 세웠습니다. 특정 기업에 AI 기술이 독점되기 전에 AI 기술이 확산되고 보편화된다면, 악용될 우려가 적어질 것이라는 샘 올트먼의 철학이 반영된 것이죠.

문제는 이들의 이상을 실현시켜줄 인프라에 있었습니다. 더 구체적으로 말하면 인프라 구축을 위한 자금이었습니다. 딥러닝에는 많은 데이터와 고성능의 컴퓨터가 필요한데 웬만한 자금으로는 어림없었습니다. 자연스러운 대화를 끌어낼 언어 모델인 GPT를 구현하고 상용화하기 위해 마이크로소프트와 IBM, 구글을 포함한 다양한 조직과 파트너십을 체결해야 했습니다. 이 역할은 오픈AI Inc.가 맡았습니다.

마이크로소프트는 오픈AI Inc.의 지분을 2019년 10억 달러, 2023년 100억 달러의 자금을 들여 확보했습니다. 덕분에 챗GPT 개발에 필요한 인프라를 갖출 수 있었습니다. 오픈AI가 사용하는 클라우드 슈퍼컴퓨터도 마이크로소프트의 애저 클라우드로 세계에서 5번째로 우수한 성능을 나타내고 있습니다.

오픈AI Inc.가 기업 조직에 가깝다고 한다면, 오픈AI LP는 Inc.를 견제하는 일을 합니다. AI의 안전하고 책임 있는 사용을 촉진하는 데 중점을 둔 것이죠. 이 조직은 오픈AI의 연구와 개발 활동이 본래 임무와 일치하도록 감독과 지침을 제공합니다. 본래 취지였던 AI의 악용을 막는 목적을 잘 수행하는지 모니터링하는 역할입니다.

LP 이사회에는 투자자들도 참여할 수 있습니다. 그러나 누구도 이사회 지분의 과반을 넘길 수 없습니다. 배당이나 수익 배분 등 돈과 관련된 문제에 대해서는 지분을 가진 이사들에게 투표권조차 주어지지 않습니다. 마이크로소프트에도 마찬가지로 적용됩니다. 초기 설립 이념을 지키기 위해 대주주에게 좌지우지되는 것을 막으려는 목적입니다.

다만 오픈AI의 가치가 커지면서 초기 이념을 지켜 나갈 수 있을지는 미지수입니다. 점차 기업의 모습으로 변화하고 있기 때문입니다. 2022년 12월 로이터통신에 따르면 오픈AI의 수익은 2023년 2억 달러로 예상됩니다. 2024년에는 10억 달러 수익을 전망했습니다. 회사 가치는 2023년 1월 기준 290억 달러로 추정됩니다. 2021년 대비 2배 규모입니다. 이에 맞춰 추가로 투자를 받는다는 계획입니다.

'돈의 벽'에 부딪힌
샘 올트먼의 생각

샘 올트먼은 실리콘밸리의 유명 벤처 창업가이자 투자자입니다. 그는 스탠퍼드대학교에서 컴퓨터공학을 전공했고, 2년 만에 자퇴했습니다. 2005년에는 사용자들이 자신의 위치가 어디 있는지 보여주는 위치 공유 소셜회사 루프트를, 2011년에는 온라인데이팅 서비스 회사 오케이큐피드를 공동 창업했습니다. 2015년부터는 실리콘밸리 유명 엑셀러레이터(Accelerator)인 Y콤비네이터(Y Combinator)의 대표를 맡았습니다. 에어비앤비, 드롭박스를 키워낸 실리콘밸리 최대 엑셀러레이터입니다.

한 가지 독특한 점은 올트먼이 AI가 가져올 세상에 대해 상당히 부정적인 시각을 갖고 있다는 것입니다. 사람처럼 대화하는 챗봇을 개발한 회사의 CEO가 평소 그런 생각을 하고 있었다는 게 의외이긴 합니다. 그는 오픈AI 창립 전부터 AI로 인해 부가 빅테크 업체들에 집중되는 것을 불평등한 상황이라고 규정짓고, 기본소득이 필요하다고 주장했습니다. AI가 모든 일을 하게 되면 인간 소외현상이 커질 것이라고 보고, 이를 해결하는 방법 중 하나로 '기본소득'을 제시한 것입니다.

그가 오픈AI를 만든 것도 AI 기술을 모든 사람이 사용할 수 있게 하자는 데 있었습니다. 오픈소스로 AI 기술이 공개된다면 특정 소수가 독점하는 상황을 막을 수 있다고 본 것이죠. 기술 발전을 피할 수 없다면 소수가 아니라 다수가 사용할 수 있게 하자는 취지입니다.

앞에서 언급했다시피 올트먼의 생각은 '돈의 벽'에 부딪힙니다. 전주(錢主)인 투자자들의 요구를 고려하지 않을 수 없게 된 것이죠. 마이크로소프트로부터 자금과 컴퓨팅 자원을 지원받으면서 오픈AI 기술은 비공개가 되었습니다. 수익을 지향하는 회사가 된 것이죠. 초기 창업 멤버인 일론 머스크도 이 부분을 지적했고, 결국 그는 오픈AI 이사진에서 나왔습니다. 그는 "오픈AI가 아니라 클로즈드(closed)AI가 되었다"고 혹평을 남겼습니다.

챗GPT, 넌 어떻게 생각해?

"범용 인공지능이 나오면
인간 사회는 어떻게 바뀔까?"

>> 범용 인공지능의 발전은 인간 사회를 긍정적인 측면과 부정적인 측면 모두에서 다양한 방식으로 변화시킬 수 있는 잠재력을 가지고 있습니다. 다음은 범용 AI가 나올 때 사회가 변화할 수 있는 몇 가지 방법입니다.

1. 자동화: 범용 AI를 사용해 제조에서 운송, 고객 서비스에 이르기까지 광범위한 작업을 자동화할 수 있습니다. 이것은 효율성과 생산성의 상당한 증가로 이어질 수 있지만 일자리 손실과 경제적 혼란을 초래할 수도 있습니다.
2. 의료: 범용 AI는 진단 지원, 맞춤형 치료 계획 식별, 의료 데이터 분석을 통해 의료를 개선하는 데 사용할 수 있습니다. 이것은 더 나은 건강 결과와 보다 효율적인 의료 제공으로 이어질 수 있습니다.
3. 교육: 범용 AI를 사용해 학생들의 개별 요구 사항과 학습 스타일에 맞게 개인화된 학습 경험을 만들 수 있습니다. 이것은 보다 효과적인 교육과 향상된 학습 결과로 이어질 수 있습니다.

4. 윤리: AI가 더욱 발전함에 따라 AI 사용의 윤리적 및 도덕적 영향에 대한
   관심이 높아질 것입니다. AI가 책임감 있게 개발되고 사용되도록 하려면
   AI 안전, 투명성 및 책임에 관한 질문을 해결해야 합니다.
5. 보안: 범용 AI를 사용해 보안 위협을 실시간으로 식별하고 대응함으로써
   보안을 향상시킬 수 있습니다. 그러나 사이버 공격이나 다른 형태의 디지
   털 피해를 수행하기 위해 악의적인 행위자가 이를 사용할 수도 있습니다.
6. 환경: 범용 AI는 자원 관리를 개선하고 폐기물을 줄임으로써 기후변화
   및 자원고갈과 같은 환경 문제를 해결하는 데 사용될 수 있습니다.

전반적으로 범용 AI가 인간 사회에 미치는 영향은 AI가 개발, 배포 및 규제
되는 방식에 따라 달라집니다. 상당한 이점을 가져올 수 있는 잠재력이 있
지만, 사회에 긍정적인 영향을 미치기 위해 해결해야 하는 상당한 위험과
과제도 수반합니다.

챗GPT시대,
우리는 어떻게 살아야 할까요?

챗GPT 같은 AI 챗봇이 일상의 한 부분이 될 날이 머지않았습니다.
생각마저 AI가 대신 해주는 시대가 오면 우리의 일상은 어떻게 변할까요?

앞으로 더 많은 대화형 챗봇이 나와 사람들의 업무를 도울 것입니다. 챗GPT는 더 고도화되고, 비슷한 성격의 서비스가 여기저기서 나오는 것이죠. 구글과 페이스북 등 글로벌 IT기업은 물론 네이버와 카카오 등 국내 강자들도 준비하고 있습니다. 어느 서비스를 선택하든 우리는 지능형 챗봇을 이용하며 살아갈 수밖에 없습니다.

이미 비즈니스 환경은 챗GPT 등 대화형 챗봇이 영향을 미치고 있습니다. 미국 부동산 시장에서는 부동산 중개인들이 챗GPT를 활용해 매물에 대한 설명글을 작성하거나 법률적인 문서를 준비하는 등에 활용하고 있습니다. 프로그램 코딩을 하면서 오류 수정 등을 챗GPT에 요구하는 개발자도 많습니다. 각자 쓰임새와 정도만 다를 뿐 AI 챗봇이 생활 필수품이 되고 있는 것이죠.

다만 챗GPT와 같은 생성형 AI 모델이 일상생활에서 더 많이 쓰일수록 기술에 대한 인간의 의존도도 높아지게 됩니다. 이 기술을 갑작스럽게 쓰지 못하게 되면 작업을 하지 못하는 상황이 벌어질 수도 있는 것입니다. '생각하지 않는 사람'의 시대가 될 수도 있습니다.

챗GPT가 정말
우리 일자리를 빼앗을까요?

인공지능이 우리의 일자리를 빼앗을 수 있을까요? 반은 맞고 반은 틀립니다. 오히려 업무 효율성 증대에 따른 생산성 증대 효과를 기대할 수 있습니다. 챗GPT는 기존에는 사람의 노력이 많이 필요했던 비즈니스 자료 생성, 법적 문서 검토, 고객 응대 등의 작업을 더 빠르게 처리해줍니다. 인간의 업무 생산성과 효율성 향상에 기여할 것으로 보입니다.

특히 중요하지만 단순 반복에 가까운 업무라면 효율성을 높일 수 있습니다. 예컨대 로긱스(LawGeex)라는 스타트업은 AI에 서비스 계약, 구매 주문에 사용되는 수만 건의 문서를 학습시켰습니다. 이후 로펌 소속 인간 변호사와 5건의 비밀 유지 계약서 총 153개 단락을 분석했는데요, 오류를 찾거나 수정할 만한 조항을 제시하는 대결이었습니다.

결과는 AI의 승리였습니다. 로긱스 AI는 정확도 면에서 94%를 기록해 인간의 정확도인 평균 85%를 넘겼습니다. 무엇보다 AI는 문서를 검토하는 데 26초가 걸렸지만, 인간은 평균 92분이 소요되었습니다. AI를 활용한다면 업무 효율성이 크게 높아질 수 있죠.

특히 미국 등에서는 의사와 변호사 등 전문직 시험을 통과하고, 대학에서 리포트로 챗GPT 저작물이 제출되는 등 여러모로 챗GPT의 능력이 입증되었습니다. 광고 카피를 만들고, 대본을 꾸미고, 문서를 요약해 정리하는 등의 '지적 능력'에 기반한 분야까지 AI가 우위에 설 수 있습니다.

이처럼 챗GPT 등의 대화형 챗봇이 지식 산업의 상당 부분을 대체할 가능성은 충분해 보입니다. 특히 콘텐츠와 IT 산업을 중심으로 큰 변화가 있을 것으로 예상됩니다.

변화의 범위를 AI 전체 분야로 확대하면 일자리 수의 감소는 피하기

■ 챗GPT의 산업적 영향

분류		내용
콘텐츠 산업	교육	표절 가능성으로 학습에 대한 부정적 영향. '근본적인 교육 방식'의 변화, AI 활용 범위 검토 등 대응책 필요.
	광고·미디어	인간보다 더 '빨리' '강력한' '맞춤형' 콘텐츠 생성 가능. '인간 창작' 예술 가치 하락, 비윤리적 콘텐츠 등 대응 필요.
	가상세계	메타버스 사용자 서비스 향상, 가상공간 개발 등 지원 가능. 가상세계 인구가 늘어나면서 메타버스 세상이 더 빨리 도래.
IT산업	반도체	AI 및 데이터센터용 반도체에 대한 수요 증가 전망. 관련 업체들의 선제적 AI 반도체 기술 개발이 경쟁력에 기여.
	사이버 보안	악성코드 생성, 프로그래밍 언어 변환 등 보안업계 위협. AI를 적극 활용해 사이버 보안 기술의 고도화 필요.

출처: 삼일PwC경영연구원

힘들 전망입니다. 특히 사무실 내 단순 업무 직군이 직접적인 타격을 받을 것으로 보입니다. 맥킨지글로벌연구소의 보고서에 따르면 AI 도입에 따른 사무 자동화로 2030년까지 전 세계 인력의 14%인 약 3억 7,500만 명의 근로자가 직업 범주를 전환하고 새로운 기술을 습득해야 할 것으로 추정되었습니다. 데이터 입력, 고객 서비스 응대처럼 일상적이면서 반복적인 작업을 하는 직군이 받을 타격이 클 것으로 예상했습니다.

AI 도입이 일부 영역에서는 일자리 대체로 이어질 수 있지만 AI 개발, 데이터 분석, 디지털 마케팅 등 다른 영역에서 새로운 일자리가 창출될 수도 있습니다. 콘텐츠 제작에서도 AI의 도움을 받아 생산성을 높일 수 있습니다.

한 예로 자막 제작, 영상 편집 등의 단순 작업이 효율화되어 1인 창작자들이 창작활동에 몰두할 수 있는 시간을 더 확보하는 것이죠. 단순 반복 작업에 직원을 고용하지 않아도 되니 인건비도 절약할 수 있습니다. 즉 대규모 기업 집단의 고용은 줄어들 수 있으나, 1인 창작자나 프리랜서 시장은 더 커진다는 의미입니다.

생각하지 않는 시대, 생각의 근육을 키워야

챗GPT 같은 대화형 AI 챗봇은 우리에게 편리함을 주지만 그만큼 '생각할 수 있는 시간'을 가져가는 게 아닐까요? 대화형 AI 챗봇에 의존하면서 우리들의 '생각하는 근육'이 약해질 수 있습니다.

하나의 예를 들어볼게요. 먹을 것, 입을 것 등을 스스로 뛰어다니면서 구해야 했던 수렵채집 시절에 살았던 인간과 산업화 이후 문명사회를 살고 있는 인간은 어떤 차이가 있을까요? 여러 가지가 다르겠지만 근육의 형태와 크기가 특히 다르지 않을까 싶습니다.

수십만 년 전부터 수렵채집을 했던 인간에게 근육은 생존을 위한 필수 수단이었습니다. 200~300년에 걸친 산업화와 20세기 이후 자본주의의 발달로 인간의 근육은 퇴화의 길을 걷게 되었습니다. 근육 쓸 일이 많이 줄었기 때문입니다. 만약 당신이 올챙이 배를 한 채로 거북목에 시달리고 있다면, 근육이 퇴화한 전형적인 현대인의 모습을 하고 있는 것입니다. 거북목과 올챙이 배 모두 근육이 퇴화한 상태에서 소화·흡수가 잘되는 음식을 과다하게 섭취한 결과로 나타난 것이죠.

이 때문에 현대 우리는 체중 과다와 당뇨, 대사 증후군 등을 걱정하고 있습니다. 이제야 다들 "근육을 키워야 건강하다"고 말합니다. 수만 년, 아니 수백 년 전에 살았던 우리 조상들은 도저히 상상할 수 없었던 상황입니다.

챗GPT 같은 대화형 AI 챗봇이 일상화되는 사회도 같은 맥락으로 흘러가지 않을까요? 대화형 AI 챗봇이 전해주는 지식과 정보는 '바로 쓸 수 있을 정도'로 편하게 가공되어 있습니다. 곱게 빻은 밀가루로 맛깔스럽게 만든 도너츠 같죠. 먹기도 좋고, 흡수도 쉽습니다.

그런데 과거에 우리는 힘들게 지식을 얻었습니다. 책의 숲에서 수렵과 채집을 했던 것이죠. 인터넷 시대가 열리고 검색을 하게 되면서 그나

마 편해졌다고는 하지만, 스스로 채집해 요리하고 소화하는 과정을 거쳐야 했습니다. 이런 과정을 많이 겪을수록 '생각하는 근육'도 단단해져 편견과 차별, 비상식적인 지식에 대한 저항력을 기를 수 있었습니다.

그런데 대화형 AI 챗봇의 발달은 '생각하는 근육의 소실'과 '편중된 지식의 비만'을 초래할 수 있습니다. 맛깔스럽게 가공된 지식은 움직이지 않고도 바로 흡수할 수 있으니까요. 무비판적이기 쉽고 지나친 편견에 빠지기 쉽습니다.

운동 부족과 비만에 시달리는 현대인들을 위해 각종 운동 클럽이 생겨나듯, 대화형 AI 챗봇 시대에는 '생각 부족'과 '확증편향'에 시달리는 사람들을 위한 클리닉이나 클래스가 많이 생겨나지 않을까 예상해봅니다.

AI 시대 건강한 지식생활을 하기 위해서는 생각의 근육을 키워야 합니다. 생각의 근육을 키우는 데는 독서와 함께 '자신의 생각을 글로 쓰기'가 효과적이죠. 나와 생각이 다른 이들과 토론하는 것도 생각하는 근육을 자극하는 데 도움을 줍니다.

결국 AI 시대에서 '허약하고 나약한 인간'으로 남지 않으려면 스스로 노력하는 수밖에 없습니다. 그래야 AI도 동반자이자 조력자로 온전히 남아 있게 됩니다.

챗GPT, 넌 어떻게 생각해?

"AI 시대, 인간이 경쟁력을 갖기 위해 갖춰야 할 것들이 있다면?"

>> AI 시대에 인간이 경쟁력을 유지하고 발전하기 위해서는 다음과 같은 것들이 필요합니다.

1. 기술 역량: AI 기술은 빠르게 발전하고 있으므로, 이를 이해하고 활용할 수 있는 기술 역량이 필요합니다. AI 분야에 대한 교육이나 교육 자원에 접근하는 능력이 필요하며, 이러한 능력은 대학 교육, MOOCs, 교육 기관, 산업 계열 교육 등을 통해 획득할 수 있습니다.

2. 문제 해결 역량: AI 기술을 사용해 문제를 해결하는 능력은 매우 중요합니다. 인간은 AI 기술로 해결할 수 없는 문제를 찾고, 문제 해결에 대한 창의적인 해결책을 찾아야 합니다.

3. 협업과 커뮤니케이션 능력: 인간은 AI와 함께 작업할 수 있어야 하며, 협업과 커뮤니케이션 능력이 필요합니다. 인간은 문제 해결 및 아이디어 공유를 위해 팀워크 능력을 키워야 하며, AI와 협업해 새로운 결과를 창출할 수 있도록 지속적인 대화와 상호작용을 유지할 필요가 있습니다.

4. 윤리적 판단력: AI의 발전과 함께 윤리적 문제도 존재합니다. 인간은 이러한 문제에 대한 판단력을 갖추고, 윤리적 원칙을 준수해야 합니다. 이러한 윤리적 문제를 고민하고 해결하는 능력이 필요합니다.

5. 지속적인 학습과 업데이트: AI 기술은 빠르게 발전하고 있기 때문에, 인간도 계속해서 새로운 지식과 기술을 습득하고 업데이트할 필요가 있습니다. 지속적인 학습을 통해 AI 시대에 필요한 역량을 유지하고, 발전할 수 있습니다.

챗GPT에 다가올 미래

1장

1. 컴퓨터가 사람의 음성을 인식해 그 의미를 이해하고 처리할 수 있는 기술입니다. 음성인식 기술은 인간의 음성 신호를 디지털 신호로 변환하고, 이를 인공지능 알고리즘이 분석해 음성을 텍스트나 명령어 등으로 변환합니다.

2. 컴퓨터가 텍스트 데이터를 입력으로 받아 자연스러운 인공음성을 생성하는 기술입니다. 음성합성 기술은 텍스트를 음성으로 변환하는 과정에서 발음, 강세, 톤, 억양 등 인간의 다양한 발성 요소를 분석하고 이를 바탕으로 자연스러운 음성을 생성합니다.

3. 일본의 혼다(Honda)에서 개발한 인간형 로봇입니다. 무게 54kg, 키 1.3m로 인간과 비슷한 크기이며, 두 발로 걷기, 계단 오르기, 뛰기 등 다양한 동작을 수행할 수 있습니다.

4. 1956년 미국 다트머스 대학교에서 인공지능 연구를 위한 회의인 다트머스 회의가 열렸습니다. 이 회의에서 인공지능의 개념이 제시되고, 인공지능 연구의 초석이 다져졌습니다. 다트머스 회의는 처음으로 인공지능이라는 용어를 정의했습니다. 이 회의에서는 인공지능을 '인간을 동등한 수준으로 모방할 수 있는 정도'로 정의했습니다. 그 밖에 인공신경망, 머신러닝(기계학습) 자연어 처리 등 인공지능 분야의 핵심 개념들이 제시되었습니다.

5. 영화 〈터미네이터〉 시리즈에서 처음 등장한, 인공지능으로 개발된 군사용 컴퓨터 시스템입니다. 스카이넷은 인간의 조작 없이 자동화된 무인 전투 시스템을 운영하

다가, 인간을 위협적인 존재로 인식해 인간을 제거하려고 하는 불가항력적인 존재로 묘사됩니다.

6. 영화 〈2001 스페이스 오디세이〉에 나온 우주선 디스커버리호의 인공지능 컴퓨터입니다. 미래 기술과 인공지능 기술이 결합된 미래상을 대변하는 캐릭터로, 음성인식, 언어처리, 패턴인식 등을 합니다. 현재의 가상비서나 챗봇에 가까운 모습입니다. 그러나 HAL은 인간과의 관계에서 갈등을 느끼자 인간을 위협하게 됩니다.

7. 평가자가 컴퓨터 또는 사람과 대화를 나누는 테스트입니다. 평가자가 컴퓨터와 대화를 나눈 것인지, 사람과 대화를 나눈 것인지 구분을 못하면 테스트를 통과한 것으로 간주합니다. 인간과 같은 지능을 가졌다고 보는 것이죠.

8. 컴퓨터가 인간의 언어를 이해하도록 가르치는 데 중점을 두고 개발한 인공지능의 한 종류입니다.

9. 개발자가 챗봇을 만들고 배포할 수 있는 소프트웨어 개발 도구 또는 플랫폼입니다. 일반적으로 사전 구축된 템플릿, 자연어 처리 기능 및 타사 서비스와의 통합과 같은 챗봇 구축 및 배포 프로세스를 단순화하는 다양한 도구와 기능을 제공합니다.

10. 구글 어시스턴트의 한 기능입니다. 음성 대화 기술을 이용해 자연스러운 대화를 할 수 있습니다. 말하는 인공지능인 것이죠. 실제로 사람처럼 대화할 수 있습니다. 일상적인 대화뿐만 아니라, 예약, 주문, 예상 시간 등의 작업도 처리할 수 있습니다. 사용자가 필요한 작업을 음성으로 간단하게 처리할 수 있습니다.

11. 인공지능 연구 및 개발을 위한 비영리 연구 기관으로, 2015년에 설립되었습니다. 인공지능 기술의 발전과 그에 따른 사회적 영향을 연구하고, 인공지능 기술을 활용해 사회 문제를 해결하기 위한 연구를 수행합니다. 본사는 미국 샌프란시스코에 있습니다.

12. 오픈AI에서 개발한 인공지능 언어 모델입니다. 'Generative Pre-trained Transformer 3'의 약어입니다. GPT-3는 이전 버전인 GPT-2보다 훨씬 큰 모델이며, 가장 잘 알려진 자연어 처리 모델 중 하나입니다. GPT-3는 사전 학습(pre-

training)이라는 기술을 사용해 만들어졌습니다. 약 1,750억 개의 매개변수를 가진 모델로 자연어 처리 능력에서 놀라운 성능을 보여주고 있습니다.

13. 자연어 처리는 인공지능 분야에서 중요한 역할을 하며 다양한 응용 분야에서 사용됩니다. 검색엔진에서는 사용자가 입력한 검색어를 기계어로 변환하고 이후 적절한 검색 결과를 자연어로 바꿔 제공합니다. 챗봇에서는 사용자의 질문에 대한 답변을 자연어 처리를 통해 생성합니다. 기계 번역, 감성 분석, 텍스트 마이닝, 자동 요약 등의 분야에서도 자연어 처리 기술이 활용됩니다. 인공지능 기술이 발달하면서 자연어 처리 결과도 더 우수해지고 있습니다.

14. 사전적 의미는 '변화를 일으키는 요인' '어떤 관계나 범위 안에서 여러 가지 값으로 변할 수 있는 수'입니다. 알고리즘에서 변수는 값이 변할 수 있는 데이터를 의미합니다. 컴퓨터 입장에서는 값을 저장하는 메모리 공간이 됩니다. 입력된 값이 위치하는 곳이죠. 가령 'A+B=5'라는 수식을 가정해봤을 때, A와 B는 각각 이 수식의 변수이면서 여러 값들이 입력될 수 있는 메모리 공간이 됩니다.

15. 자연어 처리 분야에서 사용되는 대표적인 모델인 트랜스포머는 우리가 긴 글을 읽을 때의 상황을 모사했습니다. 보통 우리는 문장의 문맥을 파악하면서 단어들의 의미를 이해합니다. 단어들 간의 관계를 파악하고 이를 바탕으로 문맥을 이해하죠. 트랜스포머도 비슷하게 입력된 문장 내 단어 간 관계를 이해하고 이를 바탕으로 문장을 생성합니다. 좀 더 쉽게 설명하자면, 각 단어는 문장과 문맥에 따라 해석이 다를 수 있습니다. 트랜스포머 모델에서는 각 문장에 쓰인 문맥에 따라 맞춤형으로 단어를 해석합니다. 인간의 사용 습관에 보다 가까워진 것입니다.

16. 컴퓨터 공학에서 시퀀스는 배열이나 연결된 목록과 같이 순서가 지정된 데이터 구조를 의미합니다. 예컨대 '1, 3, 5, 7, 9……' 이 수열은 숫자 1에서 시작한 간단한 시퀀스입니다. 시퀀스는 특정 순서로 데이터를 표현하고 조작하기 위해 알고리즘 및 프로그래밍에서 자주 사용됩니다.

17. 계산기를 고상하게 표현한 말입니다. 다항함수를 계산하기 위해 만든 기계식 디지

털 계산기입니다.

18. 천공카드는 20세기 중반까지 정보를 기록하기 위한 기록 매체로 쓰였습니다. 이는 구멍이 뚫린 종이카드를 말하는데 구멍의 위치와 모양에 따라 다양한 정보를 저장할 수 있었습니다. 구멍을 적절히 조합하면 특정한 명령을 입력하거나 데이터를 저장하고 처리할 수 있었습니다. 초기 컴퓨터에서는 프로그램 코드와 데이터를 저장하는 데 사용되었습니다. 천공카드는 컴퓨터 과학의 발전과 밀접한 관련이 있습니다. 컴퓨터 역사에 있어 중요한 역할을 한 기록 매체입니다.

19. 조셉 마리 자카드(Joseph Marie Jacquard)가 1801년 개발한 자동 직조기로 자카드 베틀로도 불립니다. 이 기계는 자동으로 복잡한 패턴을 만드는 데 사용되었습니다. 이 기계의 특징은 천공카드를 사용해 직조된 천의 패턴을 만들 수 있다는 것입니다. 구멍의 위치에 따라 실의 순서가 변경되고 직조 패턴이 달라지는 것이죠. 따라서 이 직기에 쓰인 천공카드는 초기 프로그래밍 카드로도 볼 수 있습니다. 실제 초기 컴퓨터는 천공카드를 사용해 프로그램을 컴퓨터에 입력했습니다.

20. If-then 구조는 프로그래밍에서 매우 중요한 역할을 합니다. 특히 프로그램의 흐름을 제어하거나, 조건부 처리를 수행할 때 사용됩니다. 이 구조를 활용해 프로그램이 다양한 상황에 대응할 수 있도록 설계할 수 있습니다.

2장

21. 한국 인공지능 스타트업 '스캐터랩'이 만든 대화형 챗봇입니다. 자연어 처리 기술과 인공지능 기술을 결합한 대화형 챗봇으로 다양한 질문에 응답할 수 있게 했습니다.

22. 2000년대 초중반까지 전 세계 PC 온라인 메신저 시장을 휘어잡은 인스턴트 메신저 프로그램입니다. 카카오톡처럼 친구를 추가하고 그 친구와 채팅을 나눌 수 있었죠. 2000년대 중반부터 네이트온 등 경쟁 메신저에 밀리고 2010년대 들어서는 각종 모바일 메신저가 등장하면서 MSN 메신저는 존재 의미가 퇴색되었습니다. 마이크로소프트는 2013년 3월 15일을 기점으로 MSN 메신저 서비스를 중단하고 스카

이프로 메신저 서비스를 제공하기 시작했습니다. 지금은 역사 속으로 사라진 추억의 메신저입니다.

23. 구글 블로그에 공개되어 있습니다. ai.googleblog.com/2016/09/announcing-youtube-8m-large-and-diverse.html

3장

24. 소련의 우주 기술력에 미국 등 서방 세계가 얼마나 놀랐는지는 '스푸트니크 쇼크'라는 단어를 보면 알 수 있습니다. 스푸트니크는 세계 최초의 인공위성으로 1957년 소련이 쏘아 올렸습니다. 이후 개와 사람을 태운 우주선까지 띄우면서 소련은 미국에 기술력을 과시했습니다. 소련을 얕보고 있었던 미국은 서둘러 우주 개발에 박차를 가하게 됩니다. 스푸트니크 쇼크의 또 다른 의미는 대륙간탄도미사일(ICBM)의 상용화에 있습니다. 위성을 로켓에 실어 쏘아 올릴 수 있다는 것은 핵탄두를 실어 다른 대륙에 보낼 수 있다는 것으로 풀이할 수 있습니다. 핵탄두 미사일에 속수무책으로 당할 수 있다는 생각에 미국은 더 큰 충격을 받았습니다.

25. 출처: 'JK의 계단 밑 연구실' 브런치(brunch.co.kr/@jk-lab/14).

26. 미국에서 가장 오래된 컴퓨터 기업입니다. 1911년 설립되었습니다. 초기에는 타이핑 기계나 카드 기반 정보처리 장치를 생산했고 전자 계산기와 컴퓨터 등을 개발하면서 컴퓨터 산업의 발전에 큰 역할을 담당했습니다.

27. 미국 통신·미디어그룹입니다. American Telephone & Telegraph Company의 약자에서 유래되었지만 현재 정식 명칭은 AT&T입니다. AT&T의 출발점은 최초의 음성 전화기를 발명한 알렉산더 그레이엄 벨(Alexander Graham Bell)이 설립한 '벨 텔레폰 컴퍼니(Bell Telephone Company)'입니다.

28. 소프트웨어 개발에서 자주 사용되는 개발 도구 중 하나입니다. 코드를 작성하고 실행할 때 필요한 구조와 규칙, 인터페이스, 라이브러리 등을 제공합니다. 즉 개발자가 애플리케이션 개발에 집중할 수 있도록 기반 구조를 제공하는 것입니다. 프레임

워크는 일반적으로 개발자의 PC에 설치됩니다. 예컨대 텐서플로 프레임워크를 다운로드받고 코딩을 할 때는 프로그램 안에서 가져오기를 해서 부릅니다. 이해하기 좀 어렵다면, '내 컴퓨터에 언제든 호출해서 사용할 수 있는 코드 라이브러리가 있다'고 생각합시다.

29. 'General-Purpose Graphics Processing Unit'의 약자로 GPU의 본래 용도인 그래픽 처리보다 딥러닝 연산 등 컴퓨팅을 수행하는 용도로 만들어진 기술을 의미합니다. 대용량 데이터를 처리하는 경우나 병렬 연산이 많은 경우에 이점이 있습니다. GPGPU를 이용하기 위해서는 별도 프로그래밍 모델이 필요합니다.

30. 'Compute Unified Device Architecture'의 약자로 엔비디아에서 개발한 GPGPU 프로그래밍 모델과 API입니다. 여기서 API란 Application Programming Interface라는 뜻으로 특정 프로그램을 쓰다가 다른 프로그램의 서비스를 사용하기 위해 쓰는 인터페이스를 뜻합니다. 엔비디아의 GPU를 범용적으로 쓰기 위해 제공되는 편의 기능이라고 할 수 있습니다. CUDA를 사용하는 개발자는 C, C++, CUDA C, 포트란 등의 프로그래밍 언어를 사용해 GPU에서 실행되는 코드를 작성할 수 있습니다. 쉽게 말해 엔비디아가 만든 GPGPU를 원활하게 사용할 수 있도록 엔비디아가 만든 편의 서비스가 CUDA입니다.

31. 딥러닝 모델을 쉽게 구축하게 돕는 딥러닝 프레임워크입니다. 꽤 보기 좋은 API를 제공해 개발자들이 간편하게 딥러닝 모델을 구축하고 AI를 훈련할 수 있게 합니다.

32. 기초적인 컴퓨터 프로그래밍 언어에 속하는 C언어를 기반으로 개발된 운영체제입니다. 유닉스는 대형 컴퓨터 등 다양한 PC에서 사용되었습니다.

33. 운영체제는 OS(Operating System)라고도 불리며 사용자와 컴퓨터를 연결해주는 '환경(인터페이스)' 역할을 합니다. 컴퓨터에서 소프트웨어가 구동될 수 있도록 관리해주는 프로그램이기도 합니다. 우리가 흔히 보는 PC용 OS는 윈도우, 맥OS, 리눅스 등입니다. 안드로이드도 스마트폰에서 쓰이는 OS입니다.

34. www.python.org/doc/essays/foreword/

35. 인공신경망에서 입력 계층은 인간 신경계에서 '감각 뉴런'과 비슷합니다. 외부 환경으로부터 받은 신호를 뇌로 보내는 것처럼 입력층은 입력 데이터를 수신하고, 처리를 위해 다음 계층으로 전달합니다. 은닉층은 인간의 뇌 속에 있는 뉴런과 비슷한 일을 합니다. 인간의 뇌가 정보를 처리하고 전송하는 수십억 개의 상호 연결된 뉴런으로 구성된 것처럼, 인공신경망 내 은닉층은 수학적 연산을 통해 입력된 데이터를 처리하는 수많은 노드(회선)로 구성됩니다. 출력층은 인간 신경에 있어 운동 뉴런과 비슷합니다. 운동 뉴런이 뇌에서 근육으로 신호를 보내 움직임을 생성하는 것처럼 출력 레이어는 처리된 데이터를 기반으로 최종 출력을 생성합니다.

36. 모아놓은 데이터를 정렬해 테이블 형태로 저장하는 데이터베이스입니다. 각 테이블은 행과 열로 구성되며, 행은 레코드(record)를 나타내고, 열은 속성(attribute)을 나타냅니다. 엑셀 파일로 저장된 표 등을 연상하면 이해하기 쉽습니다. 각 행은 고유한 식별자(primary key)를 가집니다. 이를 통해 다른 테이블과의 관계를 형성할 수 있습니다. 이러한 관계는 외래 키(foreign key)로 표현됩니다.

37. 일상적인 물건이나 기기들이 인터넷에 연결되어 데이터를 수집, 전송, 분석하고 상호작용할 수 있는 인프라를 의미합니다. 예컨대 가정에서 사용하는 가전제품이나 홈 오토메이션 시스템, 자동차나 교통 시스템, 건강관리 기기 등은 모두 사물인터넷 기술을 활용해 상호작용할 수 있습니다. 이는 생활의 편리성을 높일 뿐 아니라, 보다 효율적인 관리와 분석 등이 가능하게 합니다.

38. 강화학습은 인공지능 분야에서 가장 많이 사용되는 학습방법 중 하나입니다. 방식은 간단합니다. 인공지능이 예측하기 힘든 환경에서 어떤 행동을 수행했을 때 얼마만큼의 보상을 받는지 학습하게 하고, 가장 많은 보상을 받는 방법을 스스로 찾게 하는 방식입니다. 딥러닝에서 강화학습은 인공신경망을 중심으로 실행됩니다. 현재 상태와 선택 가능한 행동에 대한 정보를 인공신경망에 입력하고, 인공신경망 출력을 사용해 어떤 행동을 할지 결정합니다. 각각의 출력이 이후 예상되는 결과치에

얼마나 부합되는지 연산을 하는 과정을 거칩니다. 이런 강화학습은 바둑이나 스타 크래프트 같은 게임 분야뿐만 아니라 자율주행 등에서도 활용되고 있습니다.

39. 인터넷을 통해 서버, 저장소, 데이터베이스, 소프트웨어 등 다양한 컴퓨팅 리소스를 제공하는 기술입니다. 이를 통해 기업이나 개인이 별도로 서버와 저장소 등을 구축하지 않고도 필요한 컴퓨팅 리소스를 쉽게 이용할 수 있습니다. 알파고 프로젝트에서는 클라우드 컴퓨팅 기술을 사용해 대규모의 데이터와 연산을 처리했습니다. 예컨대 알파고의 딥러닝 모델은 수백만 개의 매개변수를 가지고 있습니다. 학습에 사용된 대규모의 바둑 기보 데이터는 수십 TB에 이르는 크기를 가졌습니다. 대규모의 데이터와 연산을 처리하기 위해서는 막대한 컴퓨팅 리소스가 필요합니다. 클라우드 컴퓨팅을 사용하면 필요한 컴퓨팅 리소스를 필요한 만큼만 사용해 효율적으로 처리할 수 있습니다.

5장

40. 매개변수는 요리할 때 사용되는 재료와 같습니다. 요리사는 요리를 할 때 여러 가지 재료를 사용하죠. 재료의 양과 종류를 조절하면서 요리의 맛과 질감을 조절할 수 있습니다. 마찬가지로 매개변수도 딥러닝 모델을 만들 때 사용되며, 이 값들을 조정하면서 모델의 예측 정확도를 조절할 수 있습니다. 또 다른 비유로 볼륨 버튼(매개변수)이 많은 음향기기를 들 수 있습니다. 중저음부터 고음까지 수많은 버튼을 조절해가면서 높은 수준의 소리를 만들어낼 수 있는 것이죠. 이 버튼이 많을수록 완성도 높은 소리를 만들어낼 수 있습니다.

41. 구글에서 개발한, 자연어 처리를 위한 딥러닝 모델입니다. 2018년에 발표되었으며, 트랜스포머 구조에 기반합니다. BERT 모델은 다양한 자연어 처리 태스크에서 높은 성능을 보여주어 많은 연구자와 기업이 사용하고 있습니다. 예를 들면, 문장 분류, 질의 응답, 문장 유사도 측정 등의 태스크에서 우수한 성능을 보여주고 있습니다.

42. 크롬 웹 스토어 내에서도 챗GPT와 관련한 다양한 확장 프로그램을 설치할 수 있습

니다. 그런데 주의할 게 있습니다. 악성코드나 개인정보를 훔치는 말웨어(malware)가 숨겨져 있는 경우가 있습니다. 인터넷쇼핑몰에서 상품을 고르듯 리뷰 댓글을 꼭 보시고, 가능하면 많은 사람들이 설치한 프로그램을 이용하셔야 합니다.